만화로 보는
디지털 시대의
기후변화의 모든 것

JN369231

Saison Brune 2.0 (Nos empreintes digitales) By Philippe Squarzoni
© Éditions Delcourt - 2022

Korean translation copyright © DARUN Publisher, 2024

Published by arrangement with Éditions Delcourt
though Sibylle Books Literary Agency, Seoul

이 책의 한국어판 저작권은 시빌에이전시를 통해 프랑스 Delcourt 출판사와 독점 계약한 다른에 있습니다.
저작권법에 의해 한국 내에서 보호를 받는 저작물이므로 무단 전재 및 무단 복제를 금합니다.

만화로 보는
디지털 시대의 기후변화의 모든 것

팬데믹 이후 디지털 세상의
기후정의를 둘러싼 새로운 이야기

필리프 스콰르조니 지음 | 윤여연 옮김

다른

차례

1 디지털 시대는 지구를 구할까   **007**

2 사실은 중요하지 않다   **063**

3 무선 세상의 폭주   **119**

4 디지털 재앙과 신기술의 미래   **211**

1 디지털 시대는 지구를 구할까

에피소드 4
새로운 희망

바야흐로 내전 시기 반란군
의 우주선은 비밀 기지를
격해 악랄한 은하 제

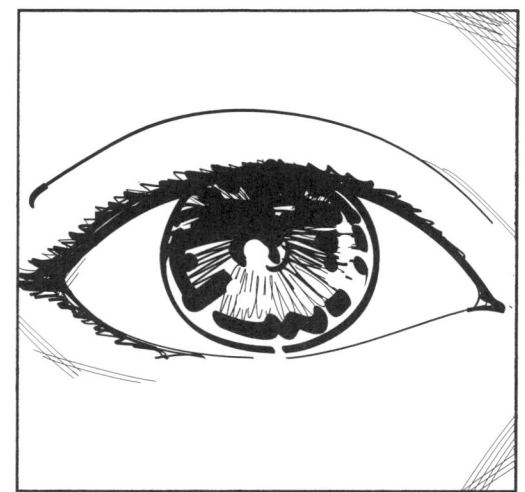

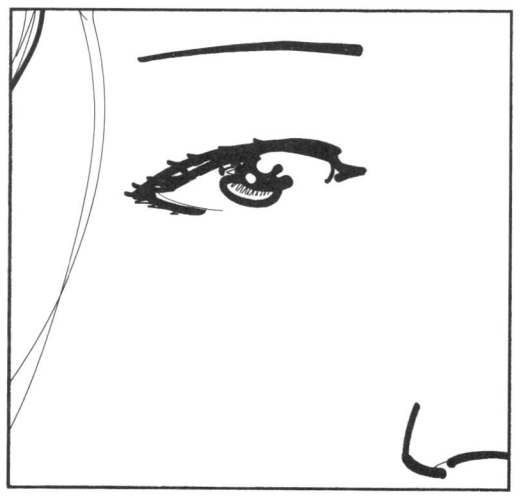

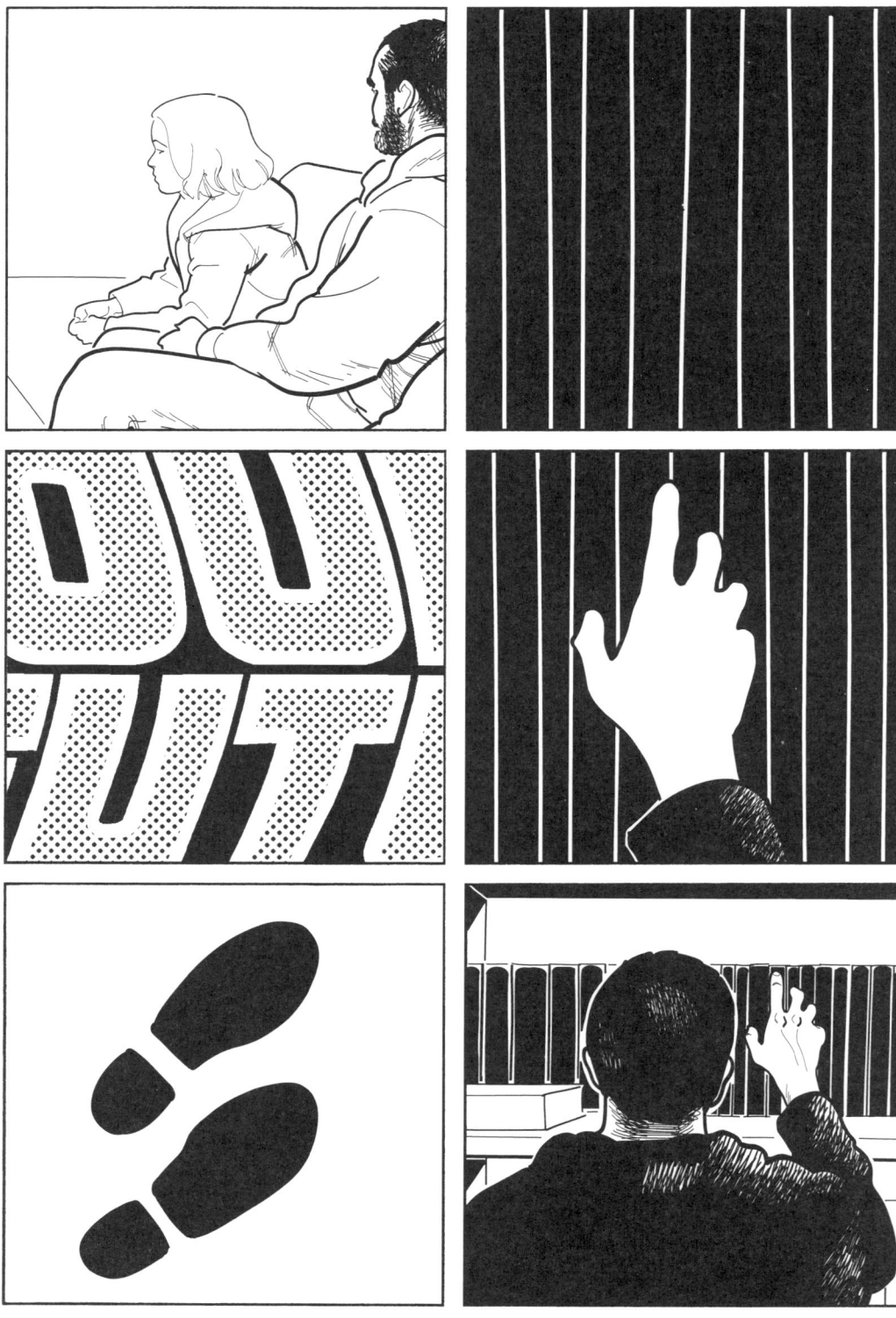

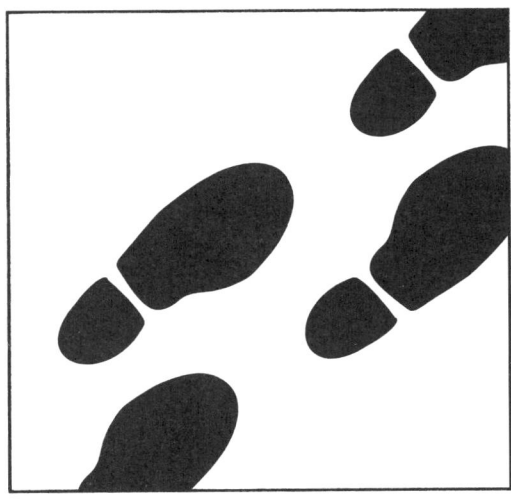

1장 디지털 시대는 지구를 구할까 17

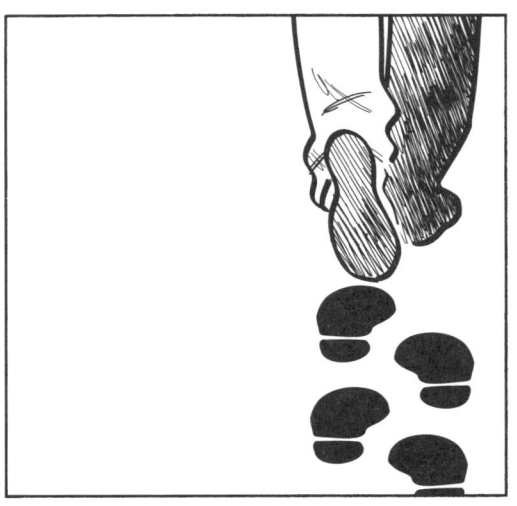

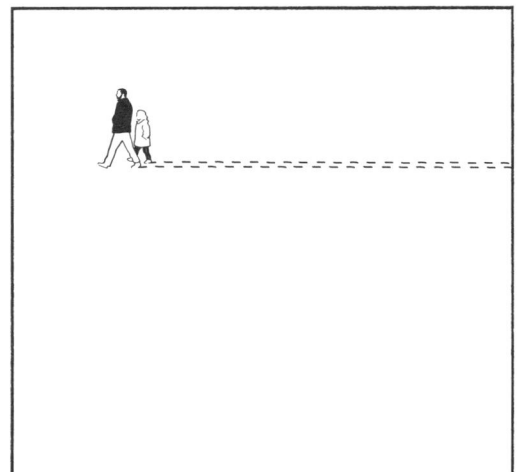

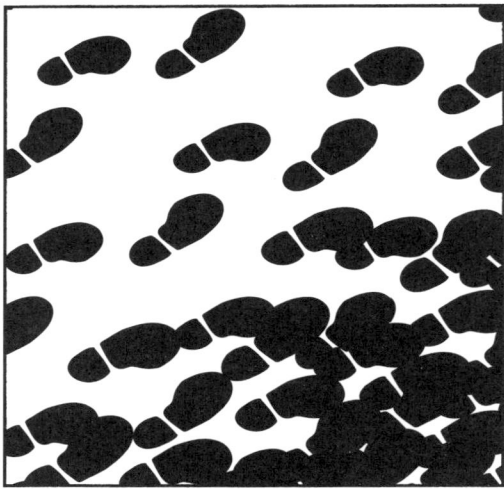

1장 디지털 시대는 지구를 구할까

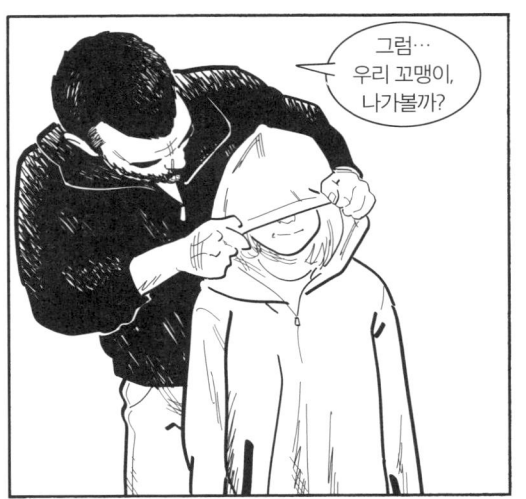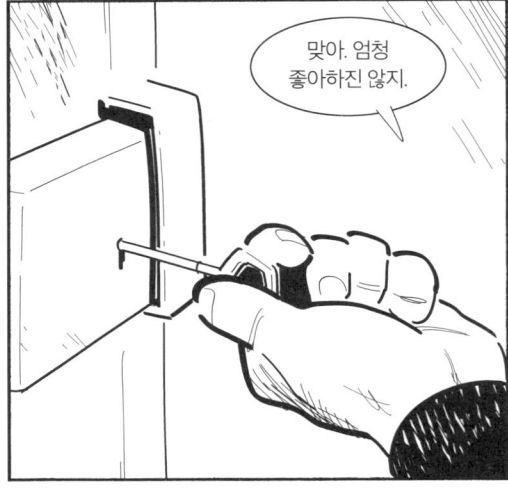

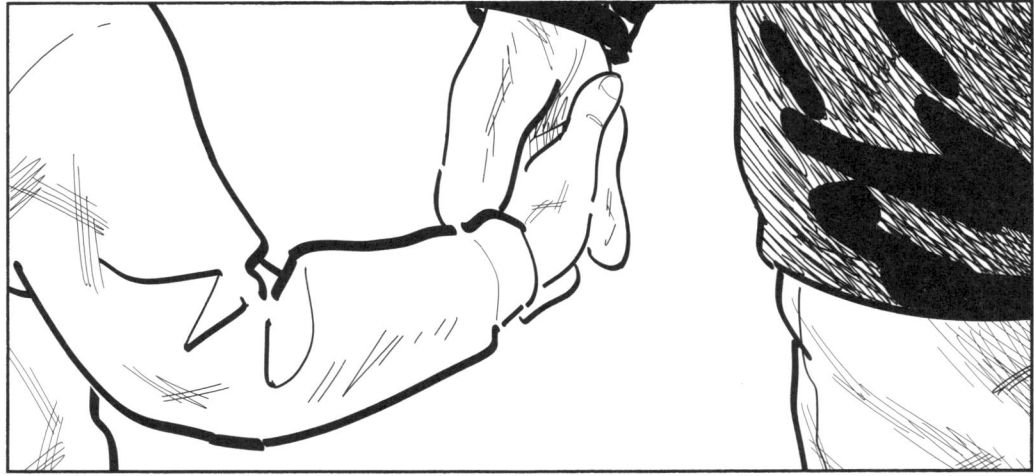

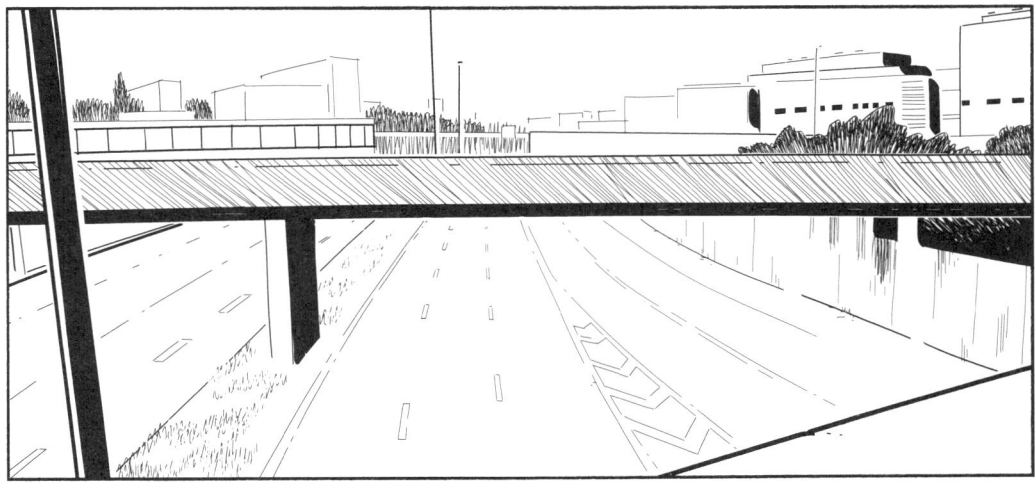
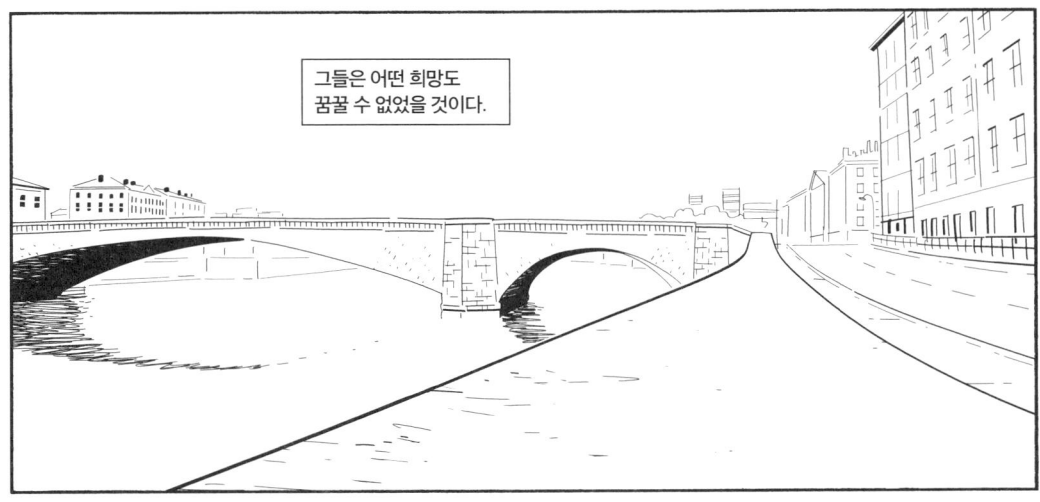

코로나19 팬데믹은 불과 몇 주 만에 '탈물질' 사회로 향하는 전환기를 더욱 가속시켰다.

공공 서비스, 보건, 상업, 놀이….

이런 수많은 활동이 인터넷 없이는 유지될 수 없다는 민낯이 드러났기 때문이다.

디지털로 전환하지 않은 분야는 손에 꼽을 정도로 드물었다.

더불어 여러 질문이 하나둘씩 등장했다. 우리와 디지털은 어떤 관계인가.

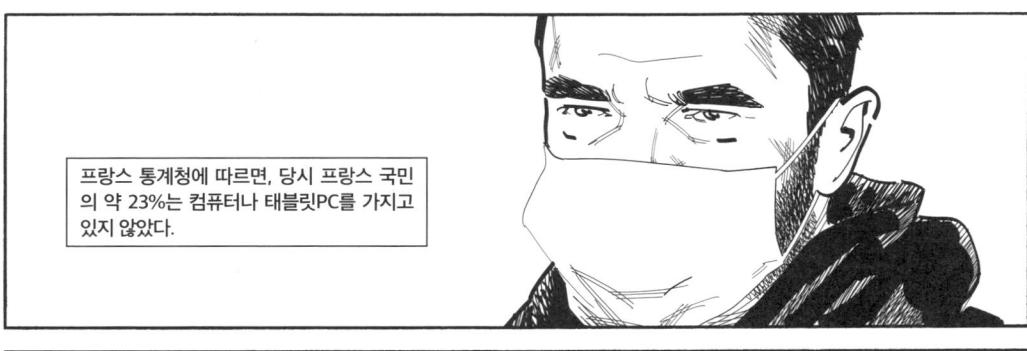

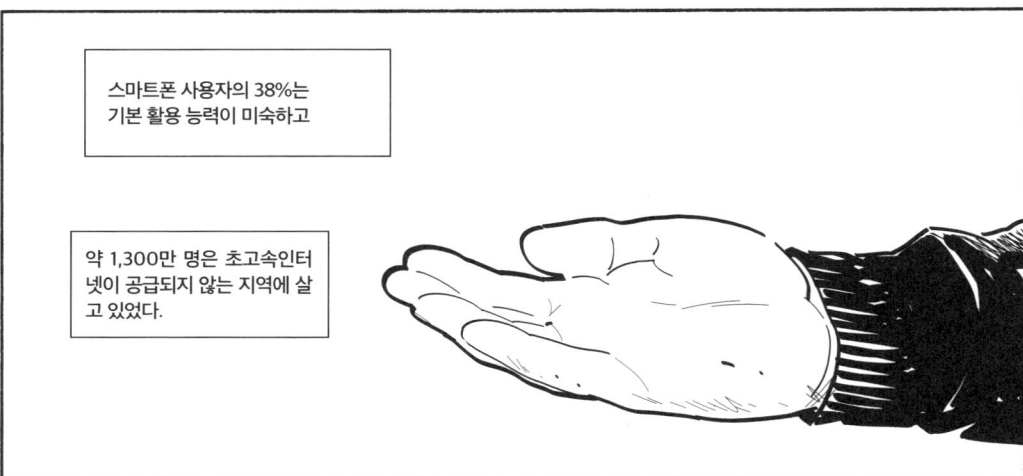

시장조사기관 '옴디아(OMDIA)'에 따르면, 봉쇄령이 내려진 나라에서 하루 평균 인터넷 트래픽이 35~60% 증가했다.

프랑스 조사기관 '메디아메트리(Médiamétrie)'에 따르면, 2020년 3월 17일부터 31일까지 프랑스 국민의 하루 평균 디지털 사용 시간은 2시간 50분이었다. 2019년 3월에 비해 36% 증가했다.

〈아이비엠(IBM) 소매유통 지수 보고서〉는 팬데믹이 오프라인 구매에서 온라인 구매로의 전환 시기를 약 5년 앞당겼을 것으로 분석했다.

소셜 네트워크 서비스의 이용자 수는 처음으로 전 세계 인구의 절반, 즉 39억 6,000만 명을 넘겼다.

페이스북 이용자 수는 봉쇄령이 시작된 이후 24억 명에서 27억 명으로 늘었다.

페이스북의 매출은 11% 증가했고, 이익은 전년 동기 대비 2배 올랐다.

봉쇄령 기간 동안 경제 둔화가 광고 수익에 영향을 미쳤지만, 구글 클라우드 서비스는 43% 성장했고, 구글 플레이 스토어에서 앱 판매로 벌어들인 수익은 21%나 껑충 뛰어올랐다.

지난 몇 년 동안 큰 변동이 없었던 애플의 수익은 이례적으로 11% 증가했다.

아마존은 매출이 40% 오르고, 기업 순이익은 2배 증가하는 등 창사 이래 최고 실적을 발표했다.

클라우드 서비스의 성장, 원격 근무에 필요한 업무 도구의 수요 증가, 게임 수요 증가에 추진력을 받은 마이크로소프트는 매출이 13% 증가했다고 발표했다.

세계 경제가 한창 위축되던 와중에도 '가팜(GAFAM, 구글·아마존·페이스북·애플·마이크로소프트)'은 굉장히 막강해졌다.

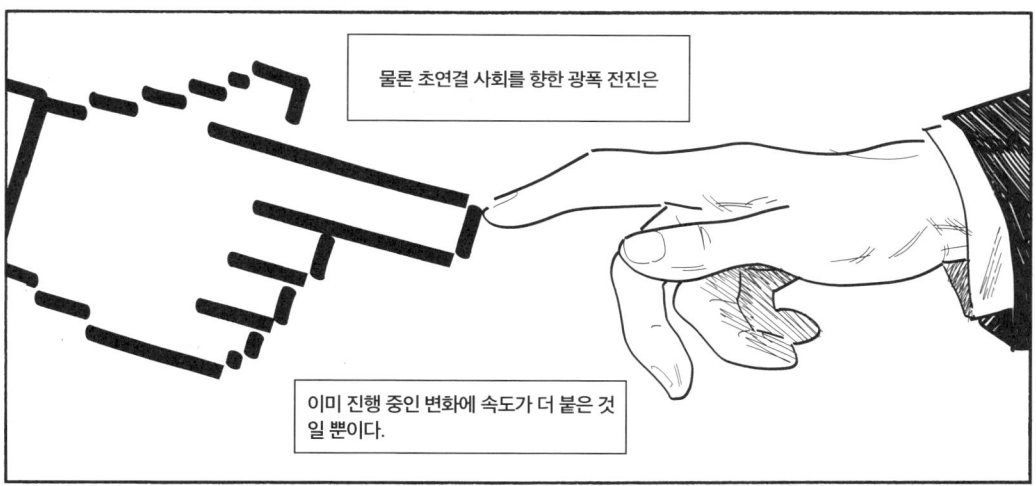

물론 초연결 사회를 향한 광폭 전진은

이미 진행 중인 변화에 속도가 더 붙은 것일 뿐이다.

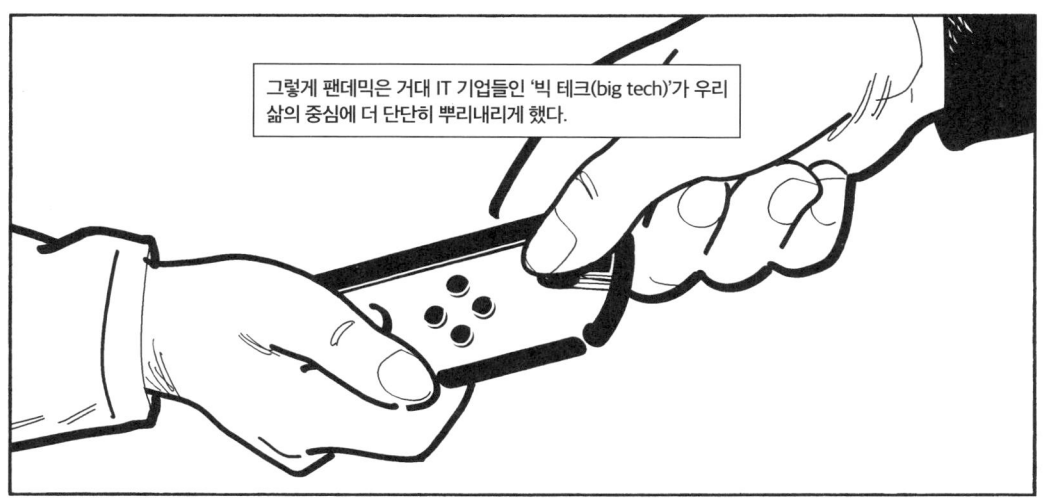

그렇게 팬데믹은 거대 IT 기업들인 '빅 테크(big tech)'가 우리 삶의 중심에 더 단단히 뿌리내리게 했다.

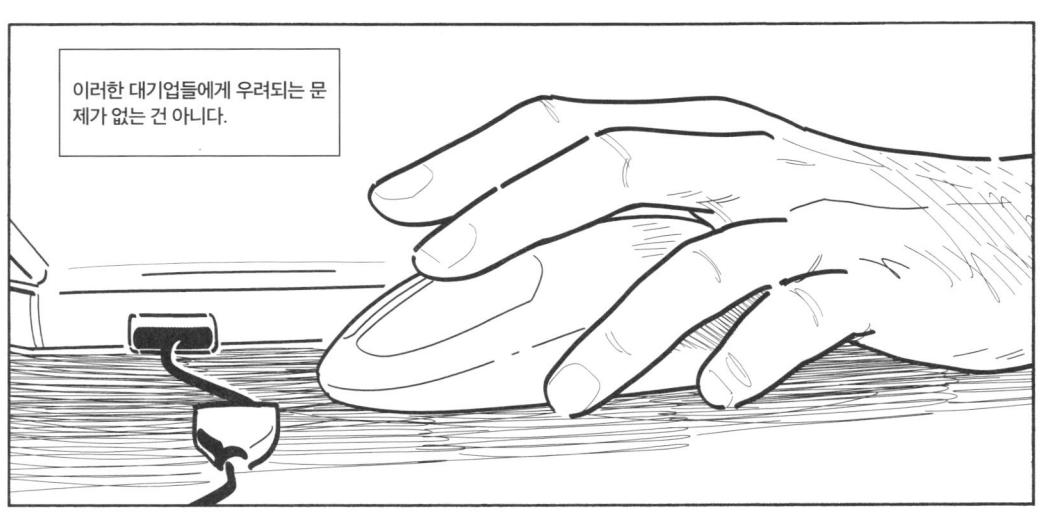

봉쇄령 기간 동안 프랑스의 탄소 발자국은 62% 급감했다.

무엇보다 교통 부문에서 탄소 배출량이 25% 줄었다.

유럽 항공 교통량은 전년도에 비해 90% 급감했다.

온실가스 데이터를 통합하는 '글로벌 탄소 프로젝트'에 따르면, 봉쇄령 시행 이후 화석연료에서 나오는 이산화탄소의 배출량이 전 세계적으로 7% 감소했다.

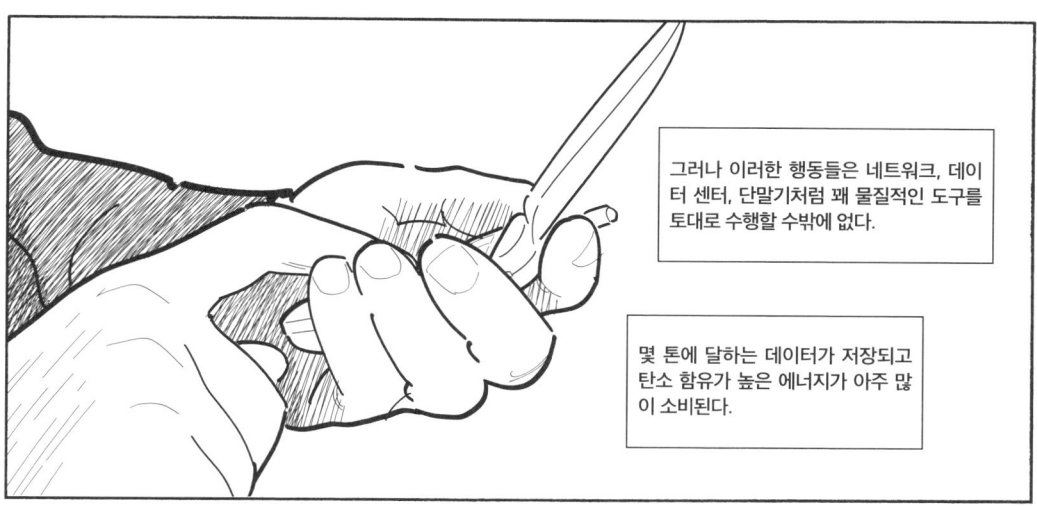

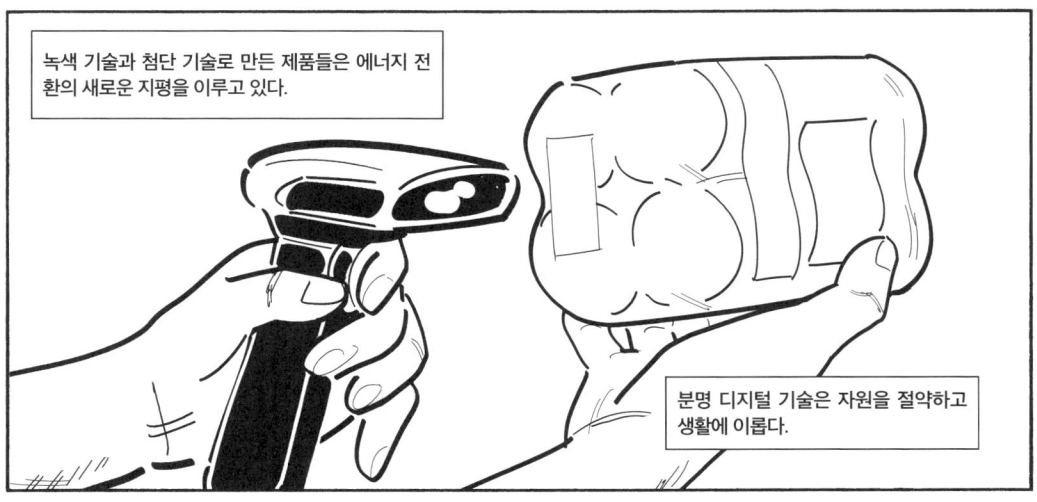

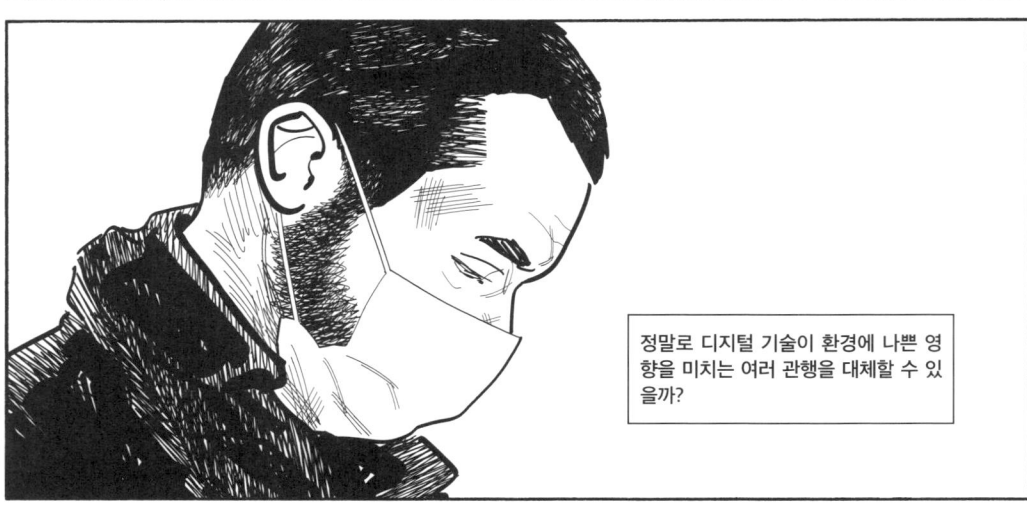

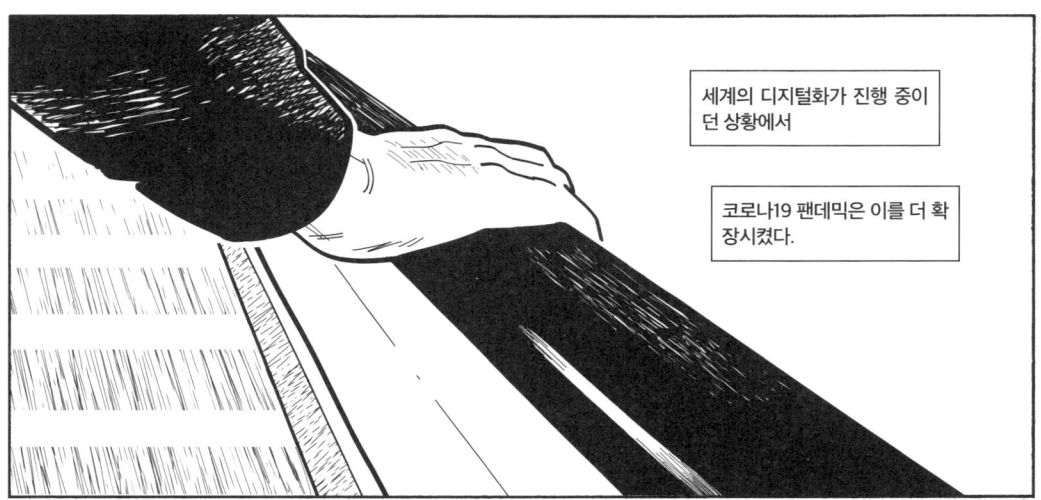

우리가 원하든 원하지 않든, 디지털은 다가올 에너지 전환의 중심에 있을 것이다.

돌파구가 되거나

방해물이 되거나.

2

사실은
중요하지 않다

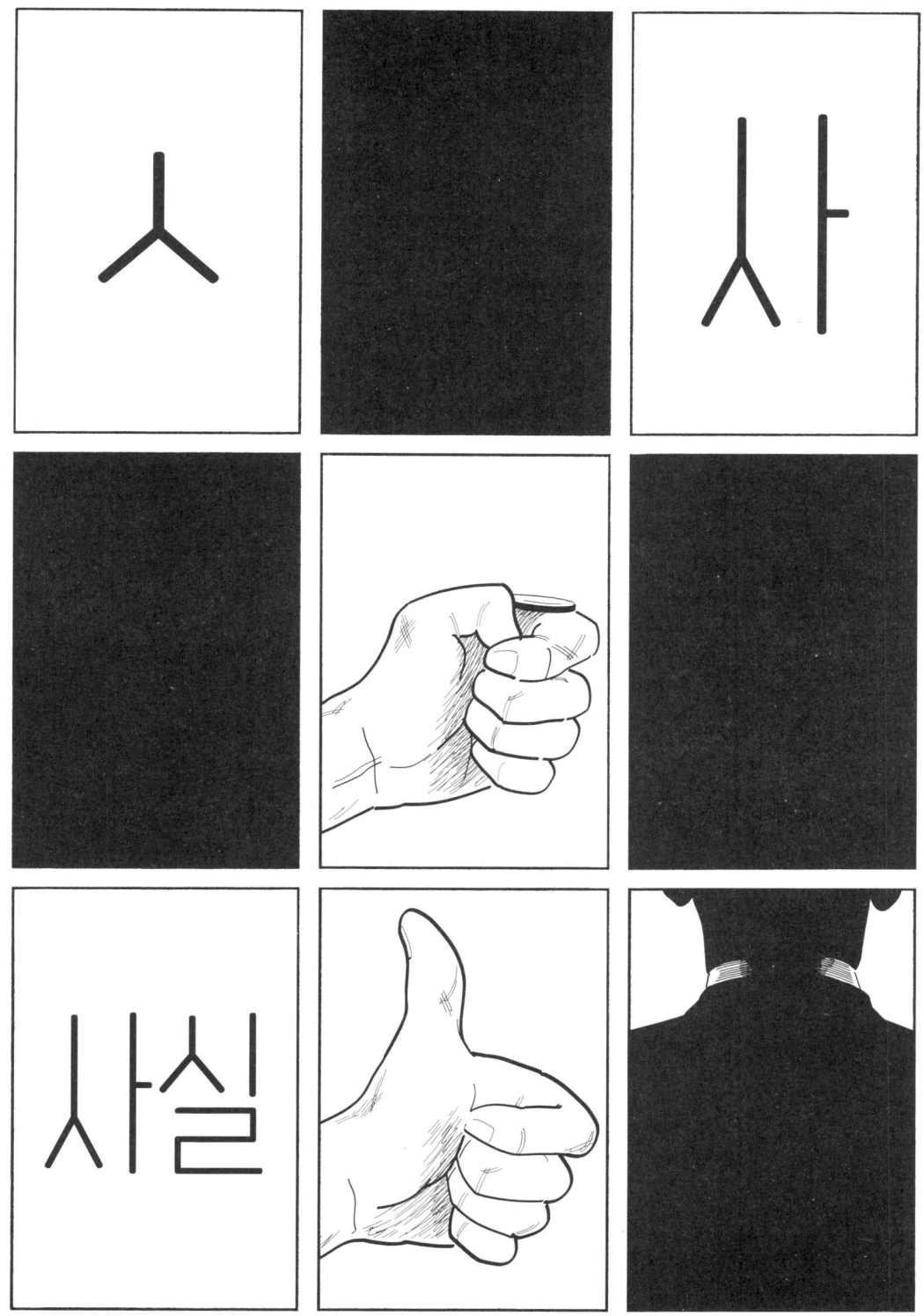

2장 사실은 중요하지 않다

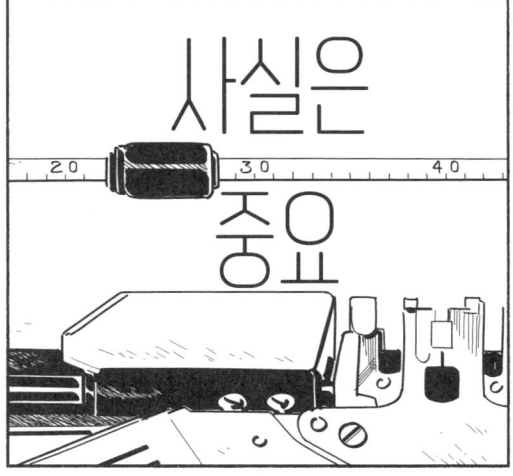

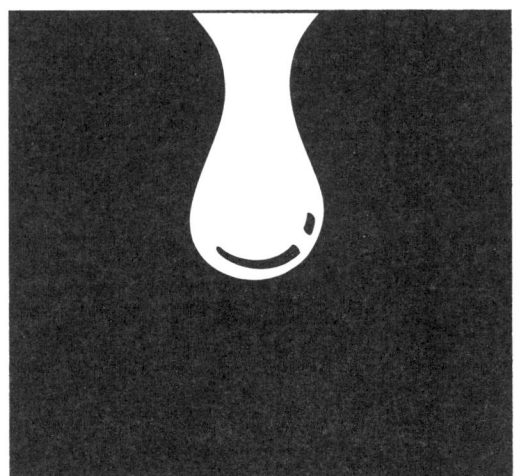

2장 사실은 중요하지 않다

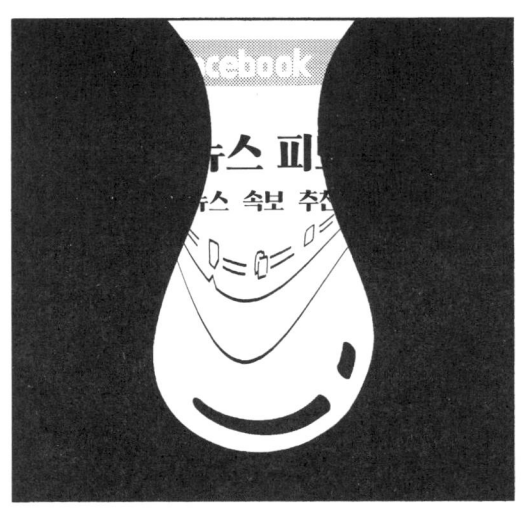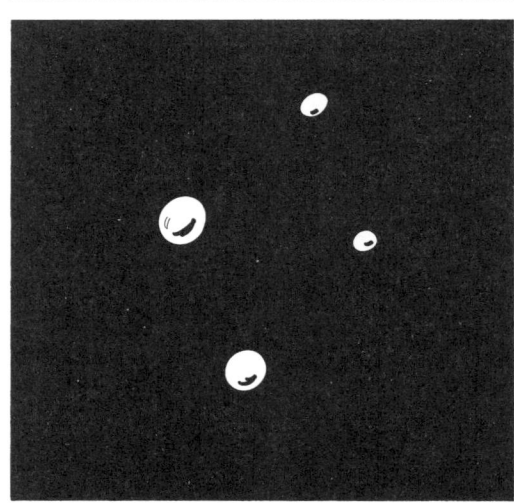

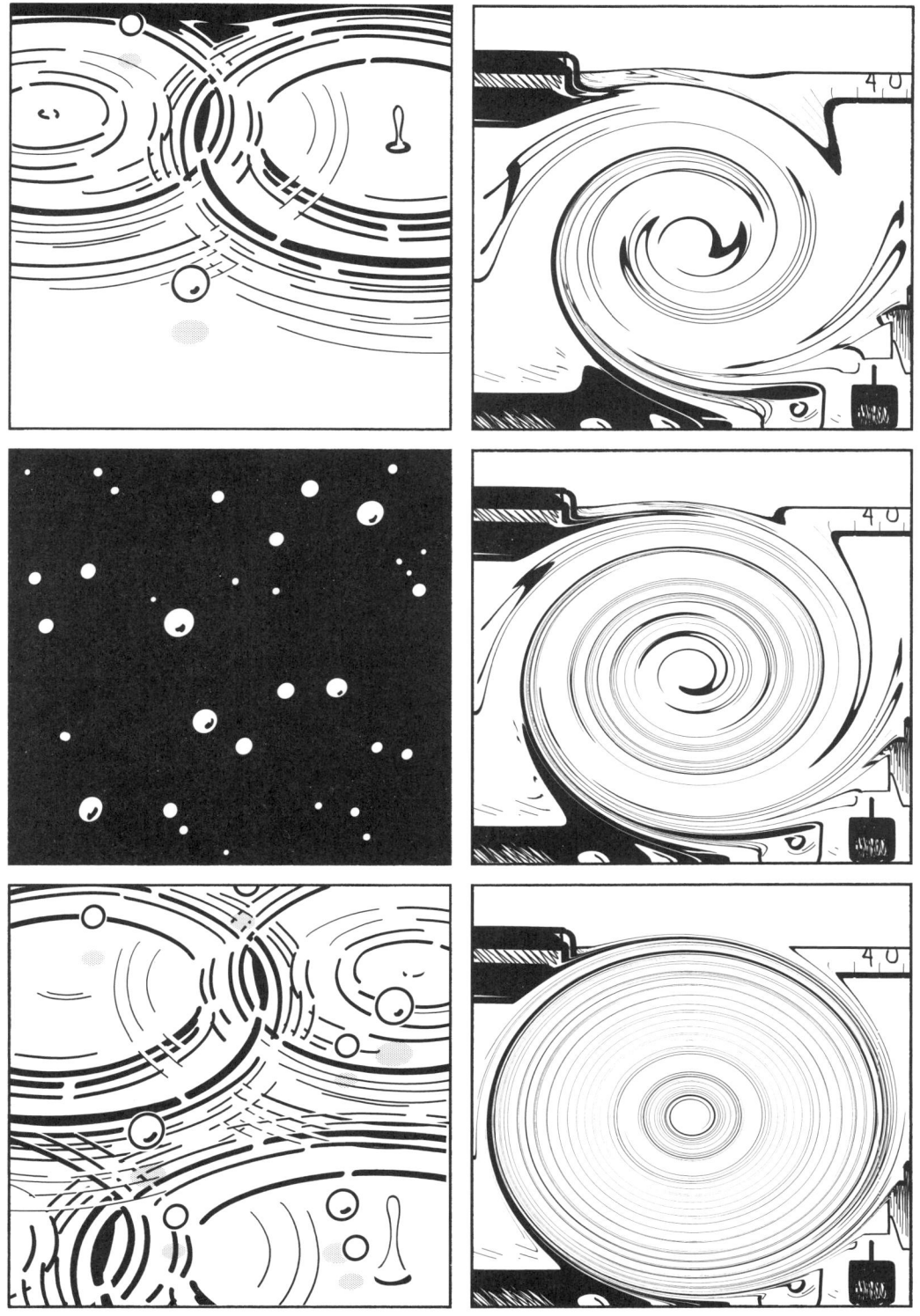

2장 사실은 중요하지 않다

ㄷ

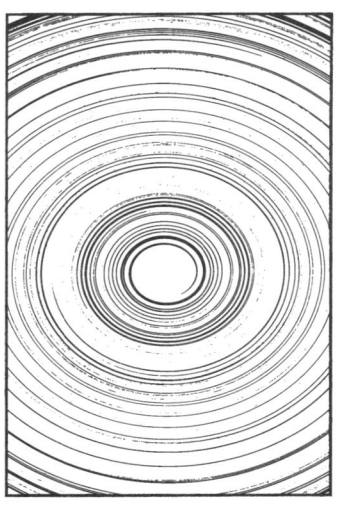

대

@대
사실

팩트
체크

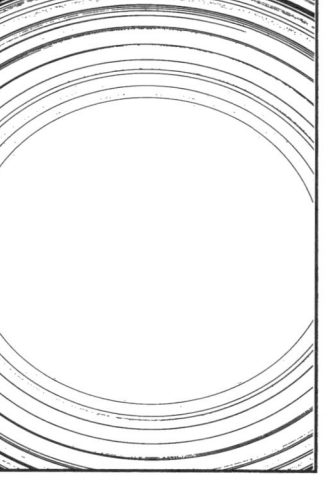

대안적
사실

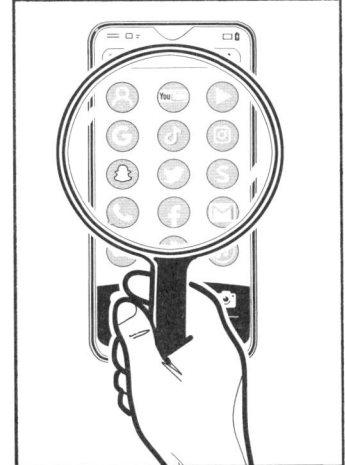

2장 사실은 중요하지 않다

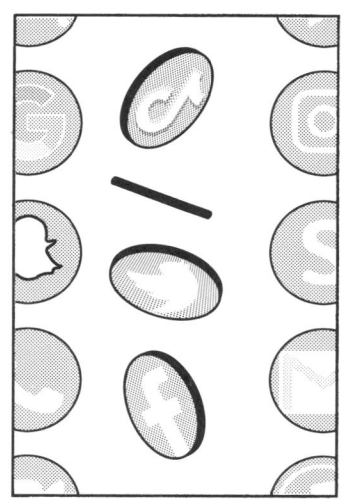

2장 사실은 중요하지 않다

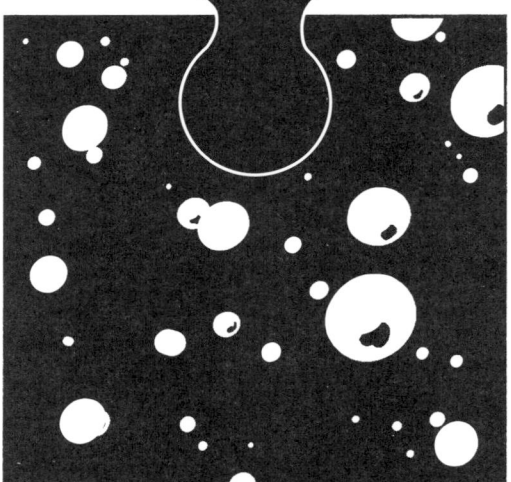

지구온난화 허구

2장 사실은 중요하지 않다

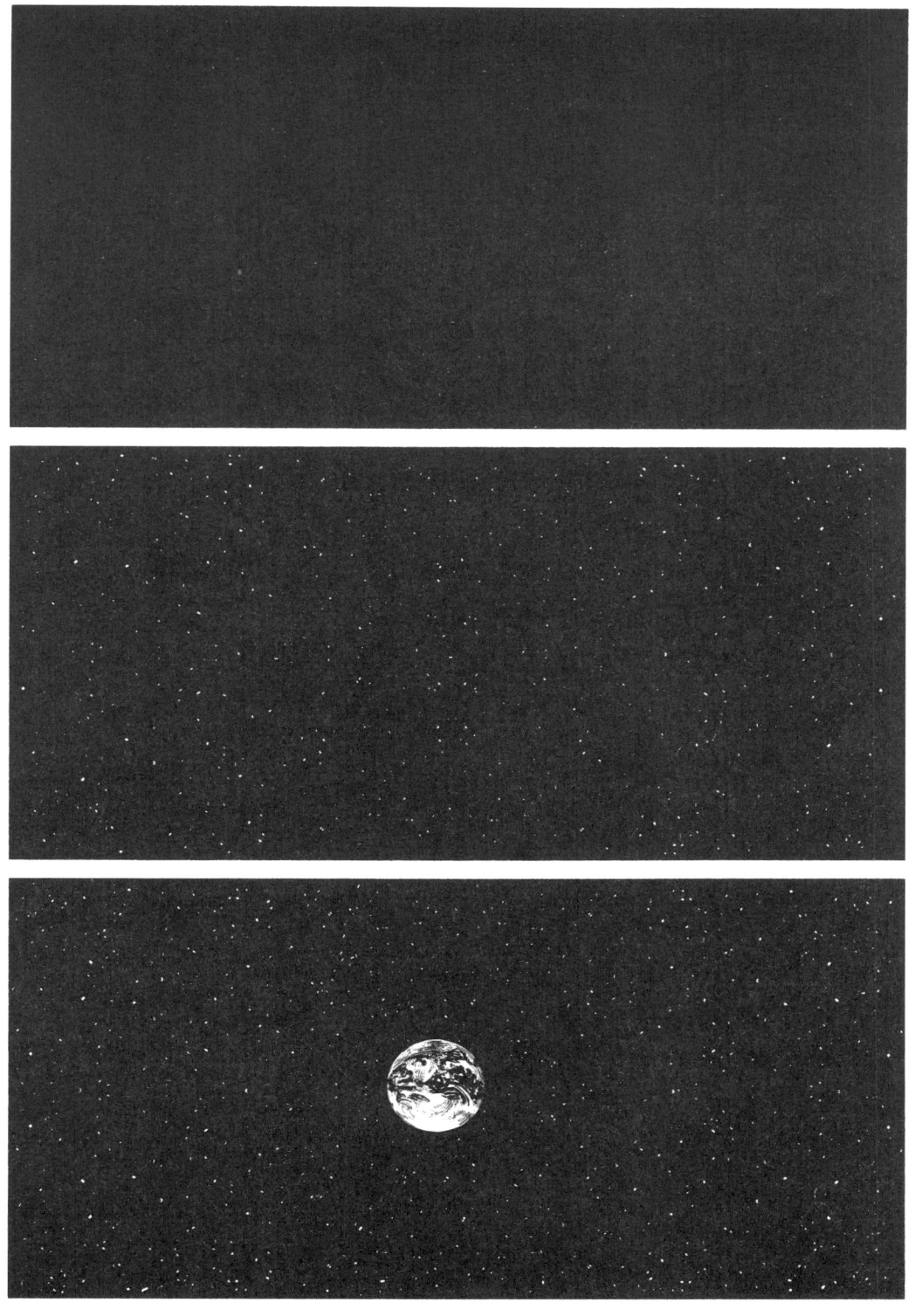

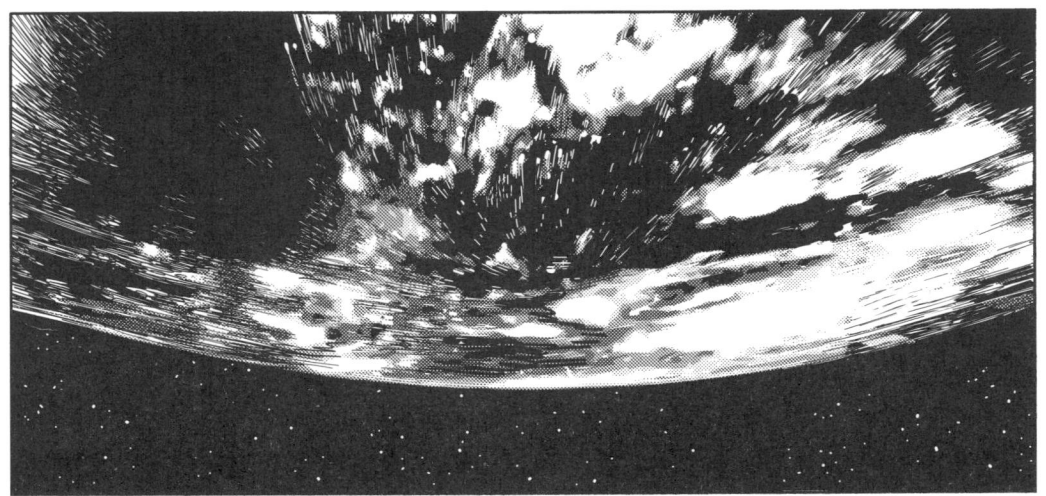

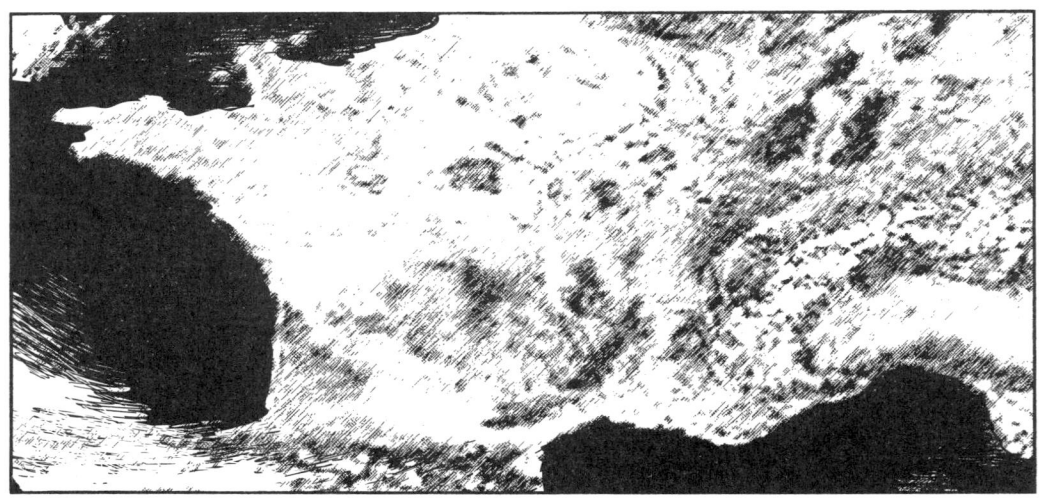

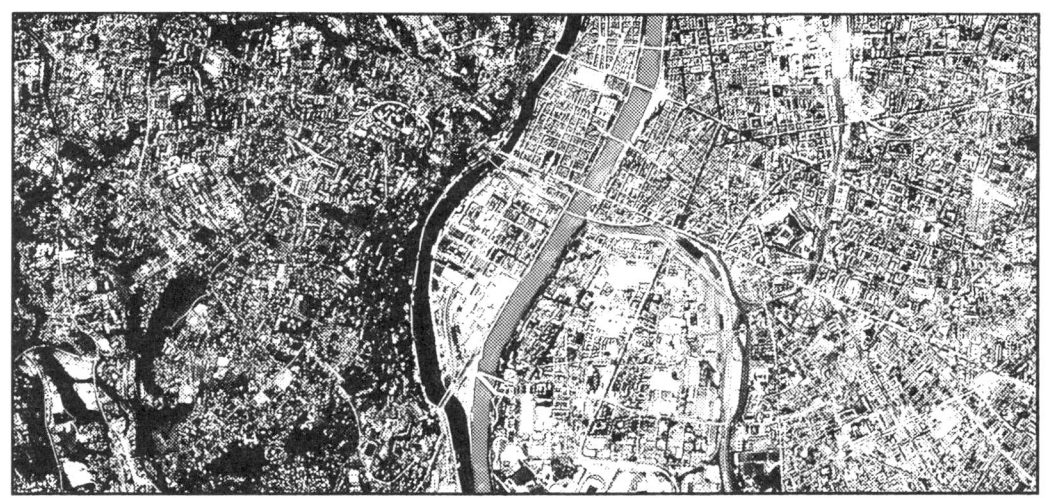

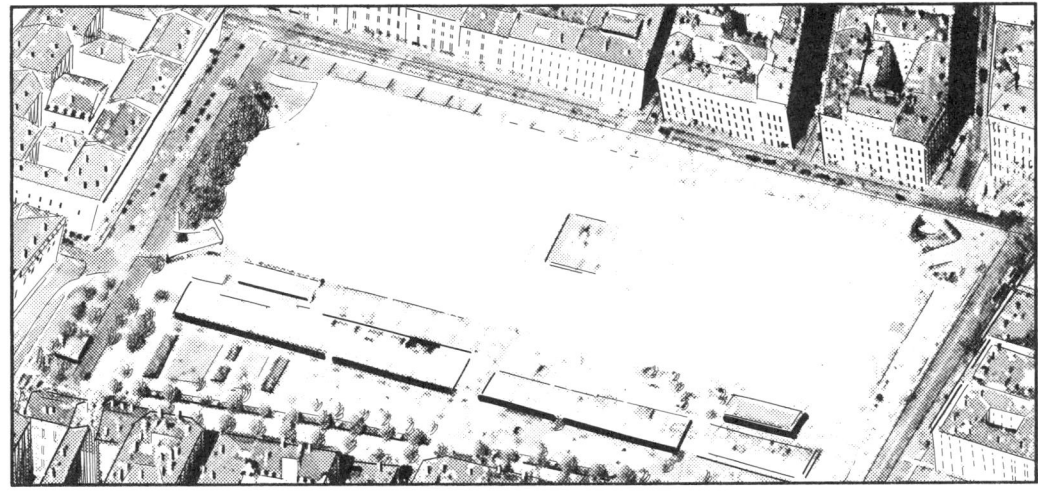

2장 사실은 중요하지 않다　85

유럽연합(EU) 기후변화 감시기구(CCCS)에 따르면, 지난 7년(2015년 ~2021년)은 관측을 시작한 이래로 가장 더웠다.

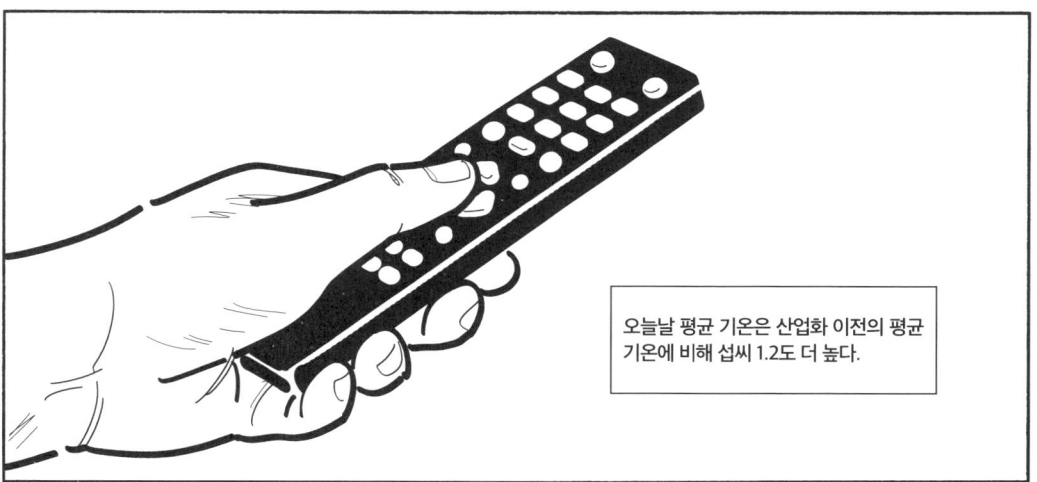

오늘날 평균 기온은 산업화 이전의 평균 기온에 비해 섭씨 1.2도 더 높다.

세계 곳곳에서 기후 급변으로 인한 파괴적인 영향들이 뚜렷하게 나타났다.

북아메리카와 남유럽에 이례적으로 살인적인 폭염이 발생했다.

캐나다와 시베리아는 산불로 큰 피해를 입었다.

거센 산불이 호주 남부 지역을 휩쓸어

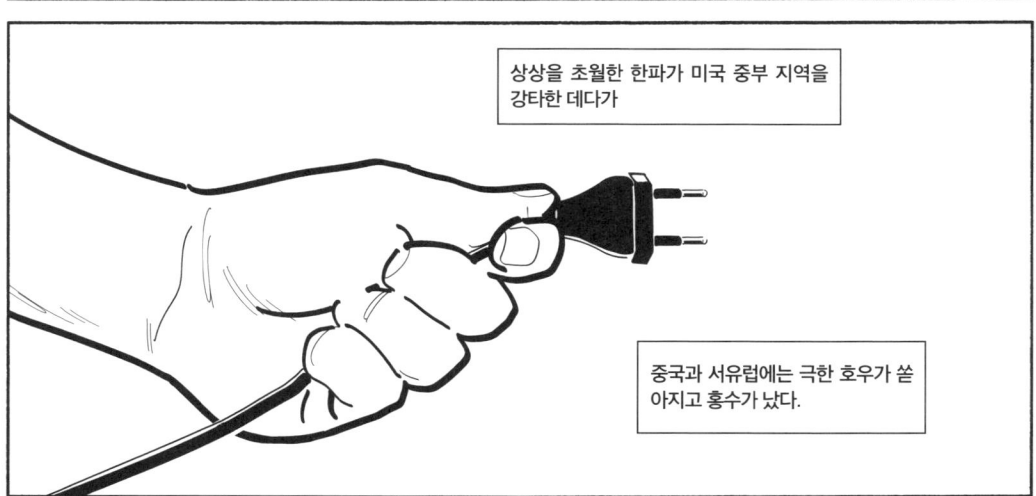

상상을 초월한 한파가 미국 중부 지역을 강타한 데다가

중국과 서유럽에는 극한 호우가 쏟아지고 홍수가 났다.

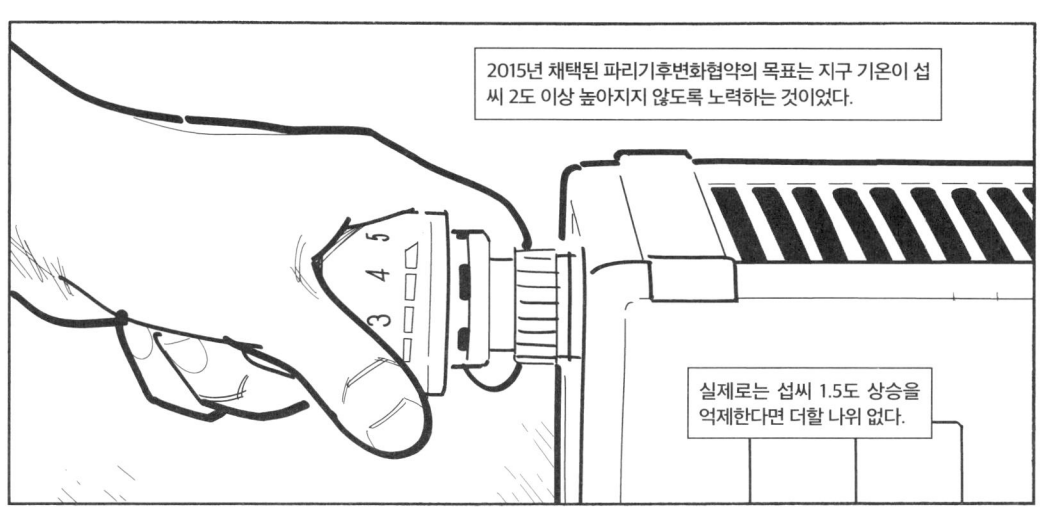

이산화탄소·메탄·아산화질소를 비롯한 온실가스 배출량은 지난 30년 동안 계속 증가했다.

지구온난화의 주범으로 꼽히는 이산화탄소는 주로 화석연료 연소로 발생하는데, 2021년 전 세계 이산화탄소 연평균 농도는 414.3ppm으로 최고 기록을 세웠다.

지난 200만 년 동안 단 한 번도 도달한 적 없던 수치다.

지난 수년 동안 메탄 농도의 증가율도 특히 높아졌다.

2020년에는 전년 대비 15ppb 올라갔으며, 2021년에는 전년 대비 16ppb 증가를 기록했다.

지난 20년 동안의 증가율보다 훨씬 높다.

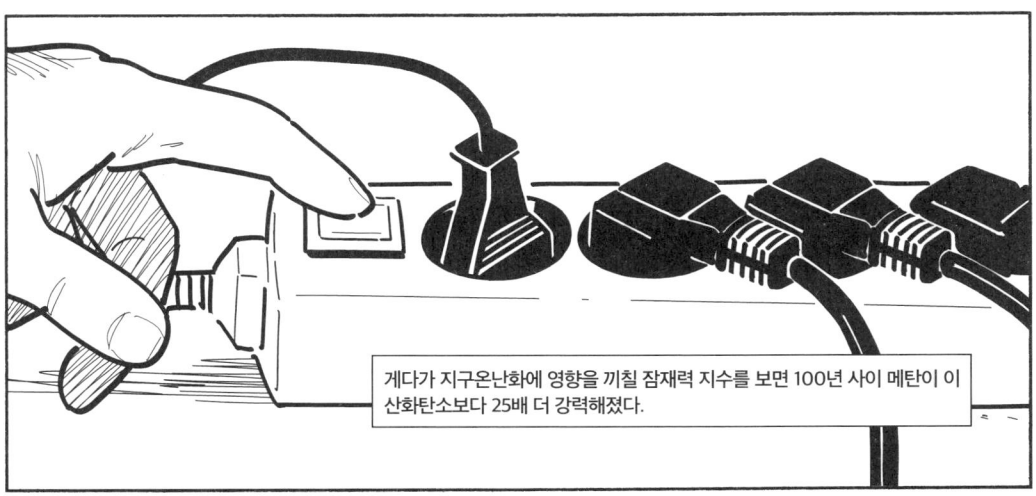

게다가 지구온난화에 영향을 끼칠 잠재력 지수를 보면 100년 사이 메탄이 이산화탄소보다 25배 더 강력해졌다.

결국 지구는 지난 수년 동안 유례없는 온난화를 겪은 것이다.

2020년 인류 활동에서 배출된 모든 종류의 온실가스가 지구에 가둔 열이 1990년보다 47% 올라갔다.

인류 역사에서 단 한 번도 겪어본 적 없는 기후 변화 속도가 확인되었다.

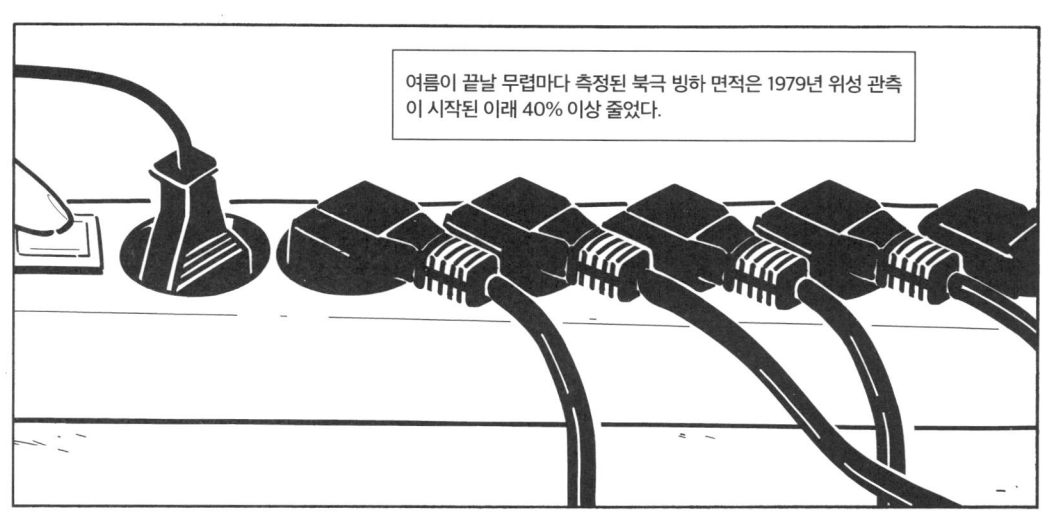

여름이 끝날 무렵마다 측정된 북극 빙하 면적은 1979년 위성 관측이 시작된 이래 40% 이상 줄었다.

미국 국립설빙데이터센터의 자료를 보면 이 면적은 1980년 이후 10년마다 13%씩 줄어들었다.

대륙 빙하와 산악 빙하가 녹는 상황도 별반 다르지 않다.

2010년에서 2019년 사이 그린란드의 대륙 빙하가 녹는 속도는 이전 10년보다 6배 더 빨랐다.

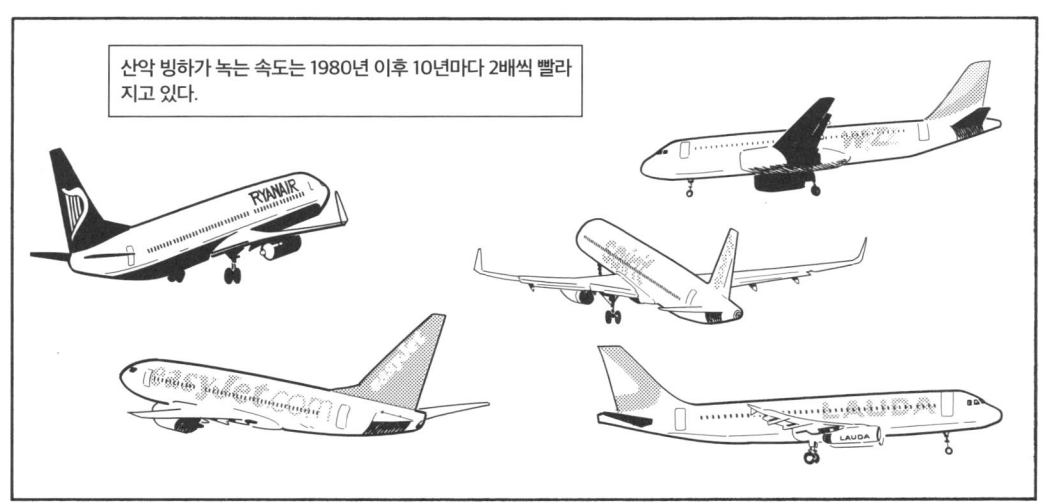

산악 빙하가 녹는 속도는 1980년 이후 10년마다 2배씩 빨라지고 있다.

'세계 빙하 모니터링 서비스'에 따르면 1970년부터 2020년까지 전 세계 빙하에서 평균 27.5m 두께의 얼음이 유실되었다.

유엔의 한 보고서에서는 향후 2100년까지 히말라야 산맥의 빙하 3분의 2가 사라질 것으로 예측했다.

이로 인해 히말라야 산맥의 빙하에서 발원하는 강이 흐르는 아프가니스탄·티베트·파키스탄·네팔 지역의 주민 17억 명이 물과 식량 부족을 겪게 될 수도 있다.

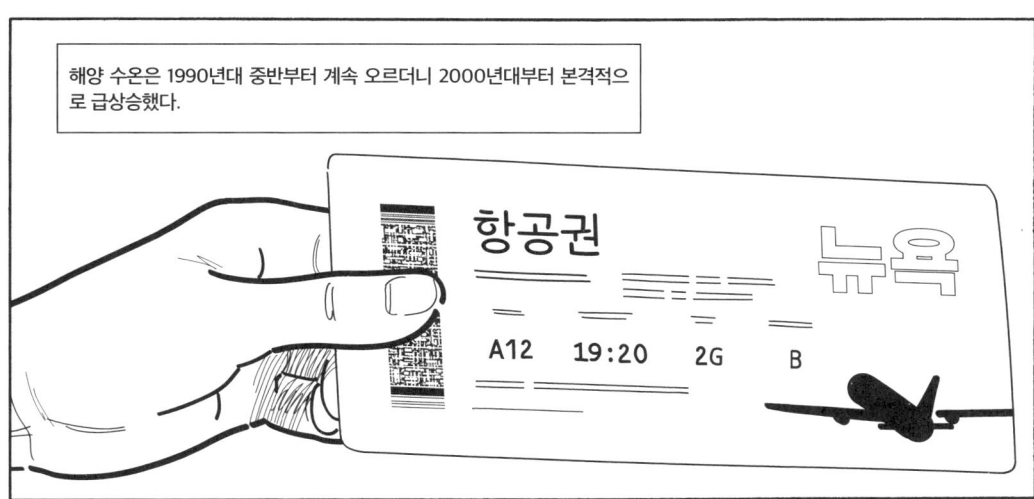

해양 수온은 1990년대 중반부터 계속 오르더니 2000년대부터 본격적으로 급상승했다.

미국 해양대기청은 1993년에서 2020년 사이에 해양이 제곱미터당 0.58~0.78W의 열에너지를 받은 것으로 추산했다.

수온이 상승하면 해수면이 올라가고 빙산이 녹으며 산호초가 파괴된다.

홍수
물에 잠긴 독일과 벨기에

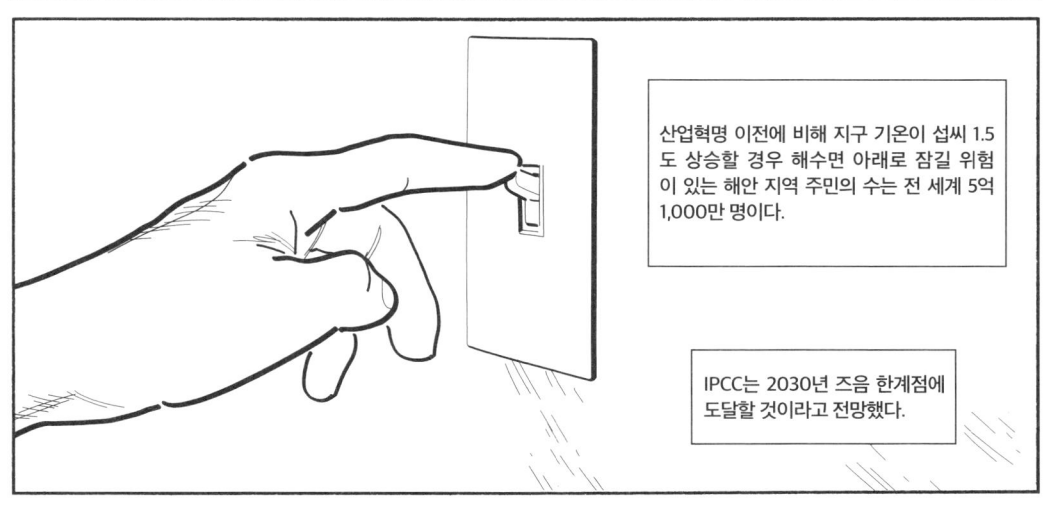

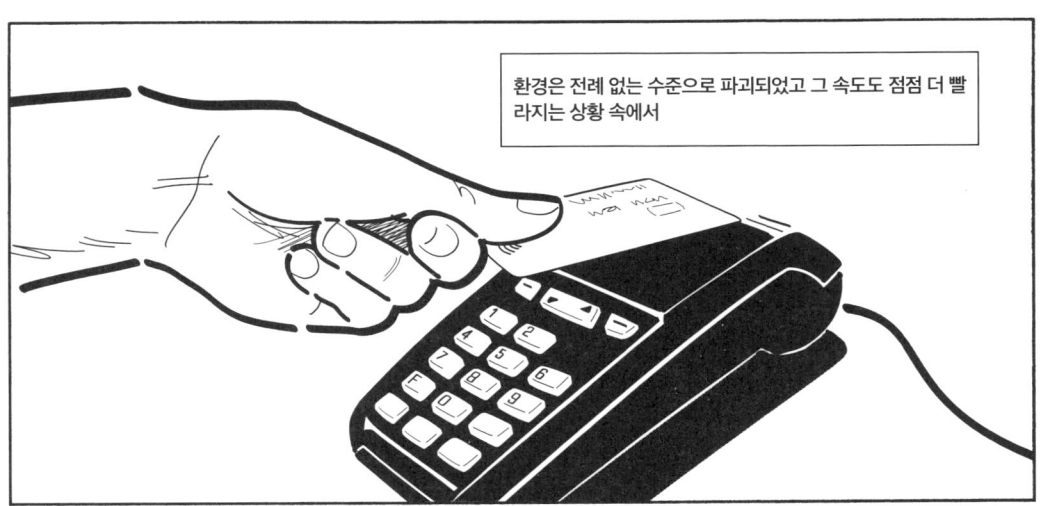

환경은 전례 없는 수준으로 파괴되었고 그 속도도 점점 더 빨라지는 상황 속에서

정치권에서는 무대응이 일종의 관례가 되었다.

트럼프·보우소나루·시진핑·푸틴… 일부 정치 지도자들은 지구온난화의 현실을 부정하면서 생태계 교란을 더 악화시키는 대열에 가세하기까지 했다.

프랑스의 마크롱 대통령은 여러 큼직한 선언을 발표했지만 그가 공언했던 약속은 지켜지지 않았다.

"그들이 나를 찾으러 왔다!"

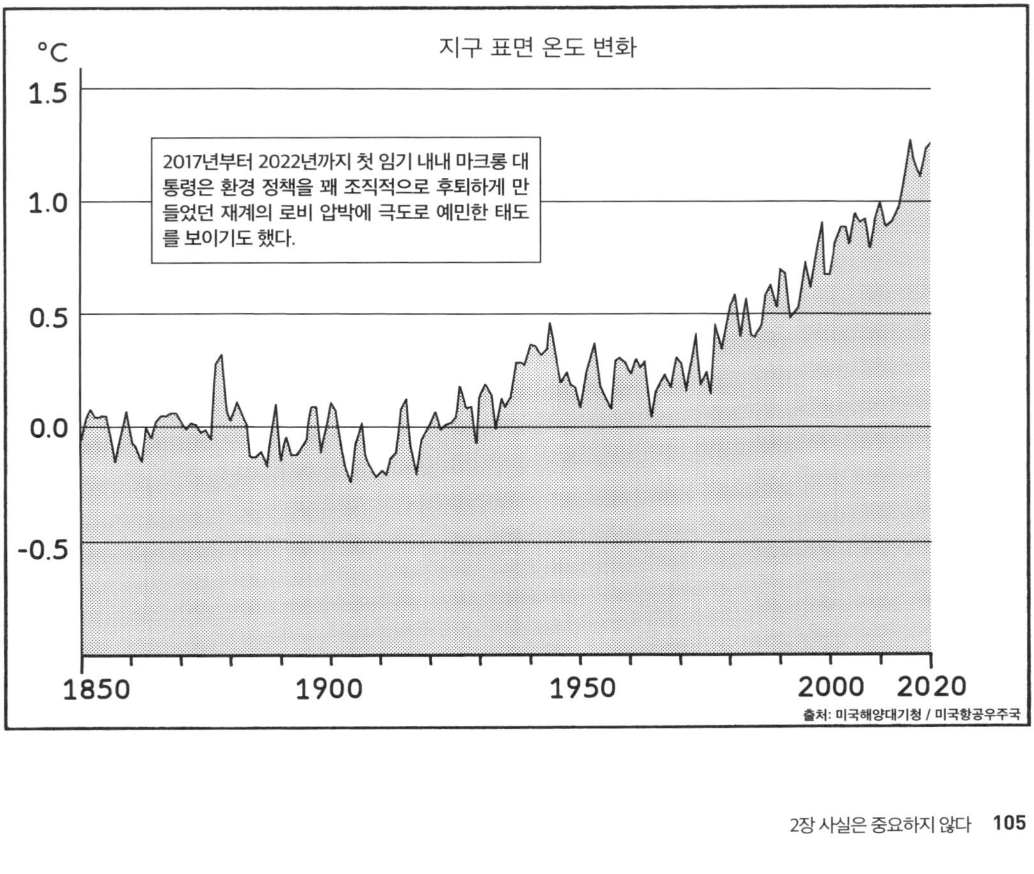

지구 표면 온도 변화

2017년부터 2022년까지 첫 임기 내내 마크롱 대통령은 환경 정책을 꽤 조직적으로 후퇴하게 만들었던 재계의 로비 압박에 극도로 예민한 태도를 보이기도 했다.

출처: 미국해양대기청 / 미국항공우주국

프랑스의 환경단체 '기후행동 네트워크'의 총괄자 안느 브랑고(Anne Bringault)는 마크롱 대통령이 자신들의 제안을 여과 없이 의회에 전달하겠다는 약속을 되풀이하지만

기후시민의회

'기후시민의회'에서 나온 150가지의 제안은 표현이 완화되고 의회 전달이 지연되고 있는 데다가 어떤 조건도 달지 않은 채 삭제되기까지 했다고 역설했다.

환경 전문 매체 《르포르테르》의 조사에 따르면, 프랑스 정부는 기후시민의회의 제안 중에서 최종적으로 10%만 수용했다.

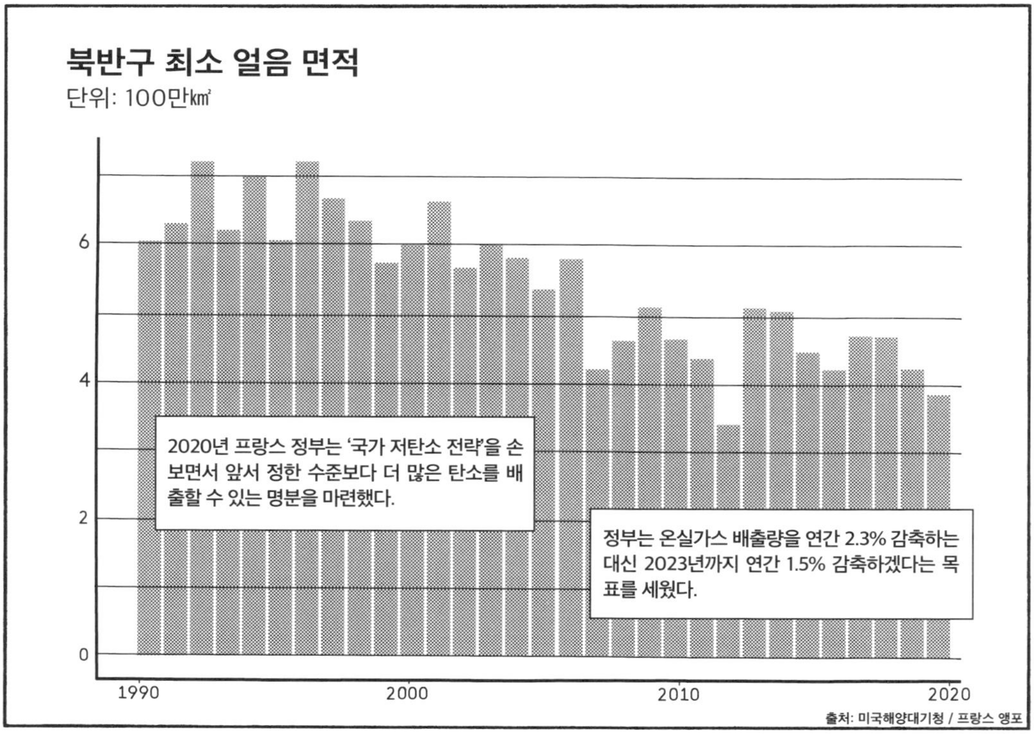

북반구 최소 얼음 면적
단위: 100만㎢

2020년 프랑스 정부는 '국가 저탄소 전략'을 손보면서 앞서 정한 수준보다 더 많은 탄소를 배출할 수 있는 명분을 마련했다.

정부는 온실가스 배출량을 연간 2.3% 감축하는 대신 2023년까지 연간 1.5% 감축하겠다는 목표를 세웠다.

출처: 미국해양대기청 / 프랑스 앵포

석유·가스 기업들, 막대한 양의 메탄 유출을 방치하고 있어

2021년 프랑스 의회에서 통과된 '기후 및 회복력 법'에는 2030년 온실가스 배출량 40% 감축 목표를 달성하기 위한 충분한 조치가 담겨 있지 않은 데다가 유럽연합에서 정한 목표치는 55% 감축이었다.

세계 이산화탄소 배출량
단위: Gt

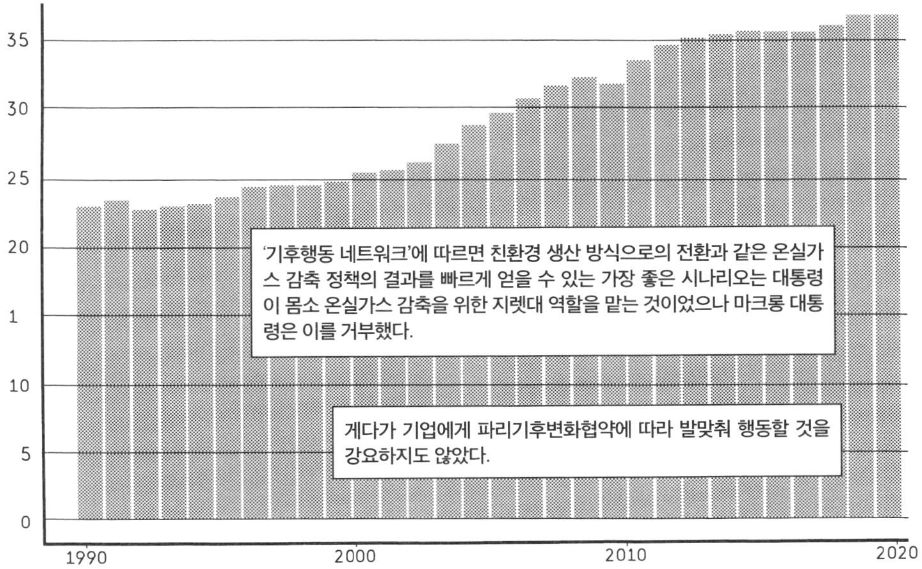

'기후행동 네트워크'에 따르면 친환경 생산 방식으로의 전환과 같은 온실가스 감축 정책의 결과를 빠르게 얻을 수 있는 가장 좋은 시나리오는 대통령이 몸소 온실가스 감축을 위한 지렛대 역할을 맡는 것이었으나 마크롱 대통령은 이를 거부했다.

게다가 기업에게 파리기후변화협약에 따라 발맞춰 행동할 것을 강요하지도 않았다.

출처: 세계은행 / 프랑스 앵포

2장 사실은 중요하지 않다

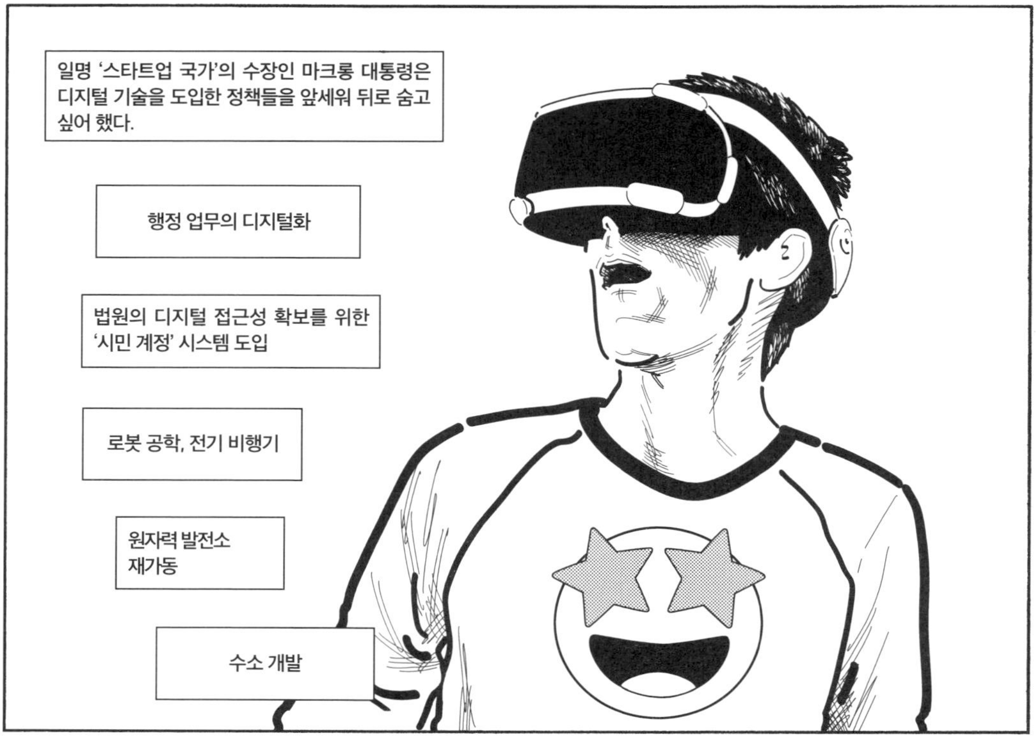

일명 '스타트업 국가'의 수장인 마크롱 대통령은 디지털 기술을 도입한 정책들을 앞세워 뒤로 숨고 싶어 했다.

- 행정 업무의 디지털화
- 법원의 디지털 접근성 확보를 위한 '시민 계정' 시스템 도입
- 로봇 공학, 전기 비행기
- 원자력 발전소 재가동
- 수소 개발

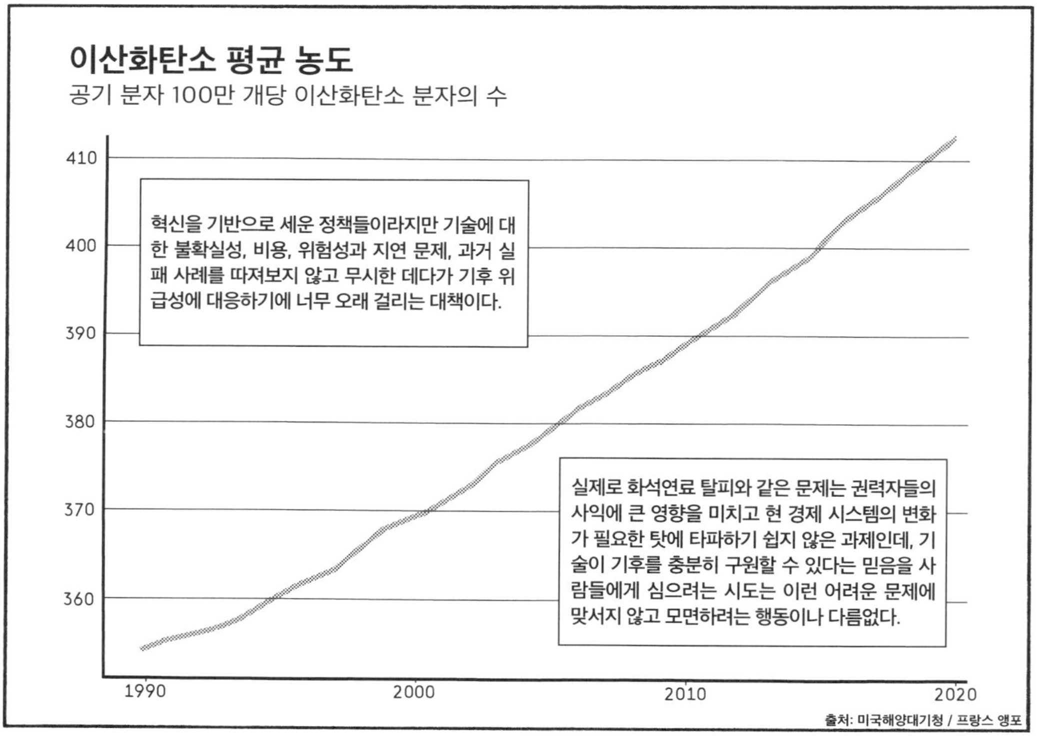

이산화탄소 평균 농도
공기 분자 100만 개당 이산화탄소 분자의 수

혁신을 기반으로 세운 정책들이라지만 기술에 대한 불확실성, 비용, 위험성과 지연 문제, 과거 실패 사례를 따져보지 않고 무시한 데다가 기후 위급성에 대응하기에 너무 오래 걸리는 대책이다.

실제로 화석연료 탈피와 같은 문제는 권력자들의 사익에 큰 영향을 미치고 현 경제 시스템의 변화가 필요한 탓에 타파하기 쉽지 않은 과제인데, 기술이 기후를 충분히 구원할 수 있다는 믿음을 사람들에게 심으려는 시도는 이런 어려운 문제에 맞서지 않고 모면하려는 행동이나 다름없다.

출처: 미국해양대기청 / 프랑스 앵포

프랑스 63명의 억만장자가 국민의 절반보다 더 많이 환경을 오염시켜

결국 마크롱 대통령의 임기 동안 마련된 정책들은 주로 무대응을 감추기 위한 시늉밖에 되지 않는다.

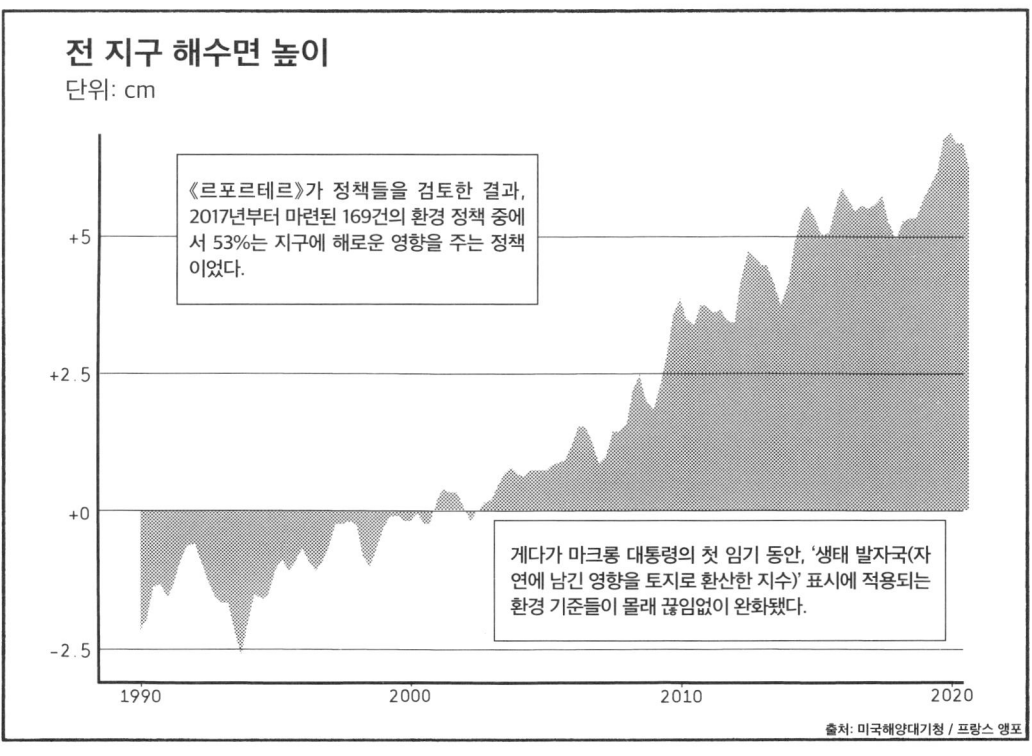

전 지구 해수면 높이
단위: cm

《르포르테르》가 정책들을 검토한 결과, 2017년부터 마련된 169건의 환경 정책 중에서 53%는 지구에 해로운 영향을 주는 정책이었다.

게다가 마크롱 대통령의 첫 임기 동안, '생태 발자국(자연에 남긴 영향을 토지로 환산한 지수)' 표시에 적용되는 환경 기준들이 몰래 끊임없이 완화됐다.

출처: 미국해양대기청 / 프랑스 앵포

전임 대통령들과 마찬가지로 마크롱 대통령은 자신이 취했던 행동에 환상을 만들길 원했다. 그는 진짜 환경 이슈가 무엇이고 이에 대응하기 위해 어느 정도 규모로 변화를 가져와야 하는지를 숨긴 채 현재 상태를 유지하는 길을 택했다.

iPhone 12
5G에게 안녕이라고 말해보세요.

5년의 임기가 끝난 시점에는 대부분의 환경 지표에 여전히 빨간불이 켜져 있었다.

2장 사실은 중요하지 않다

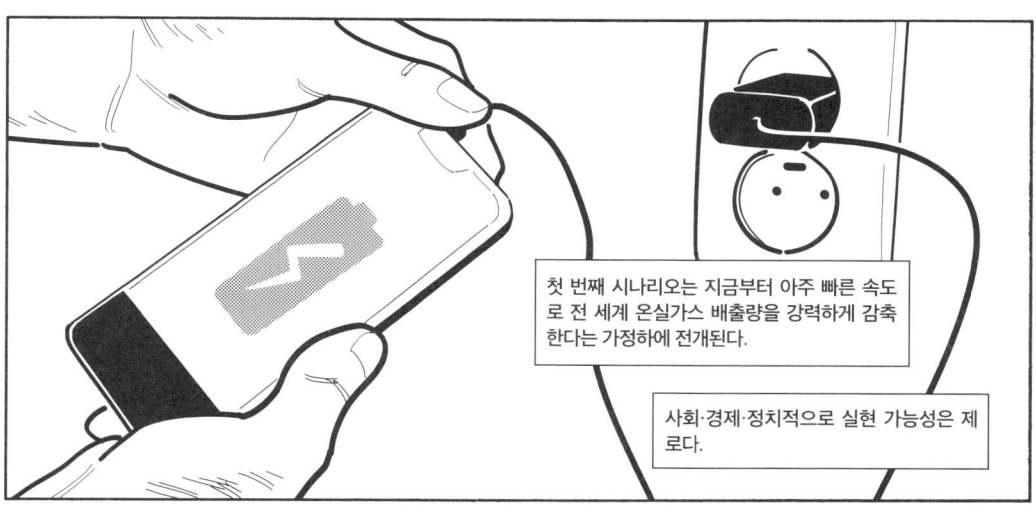

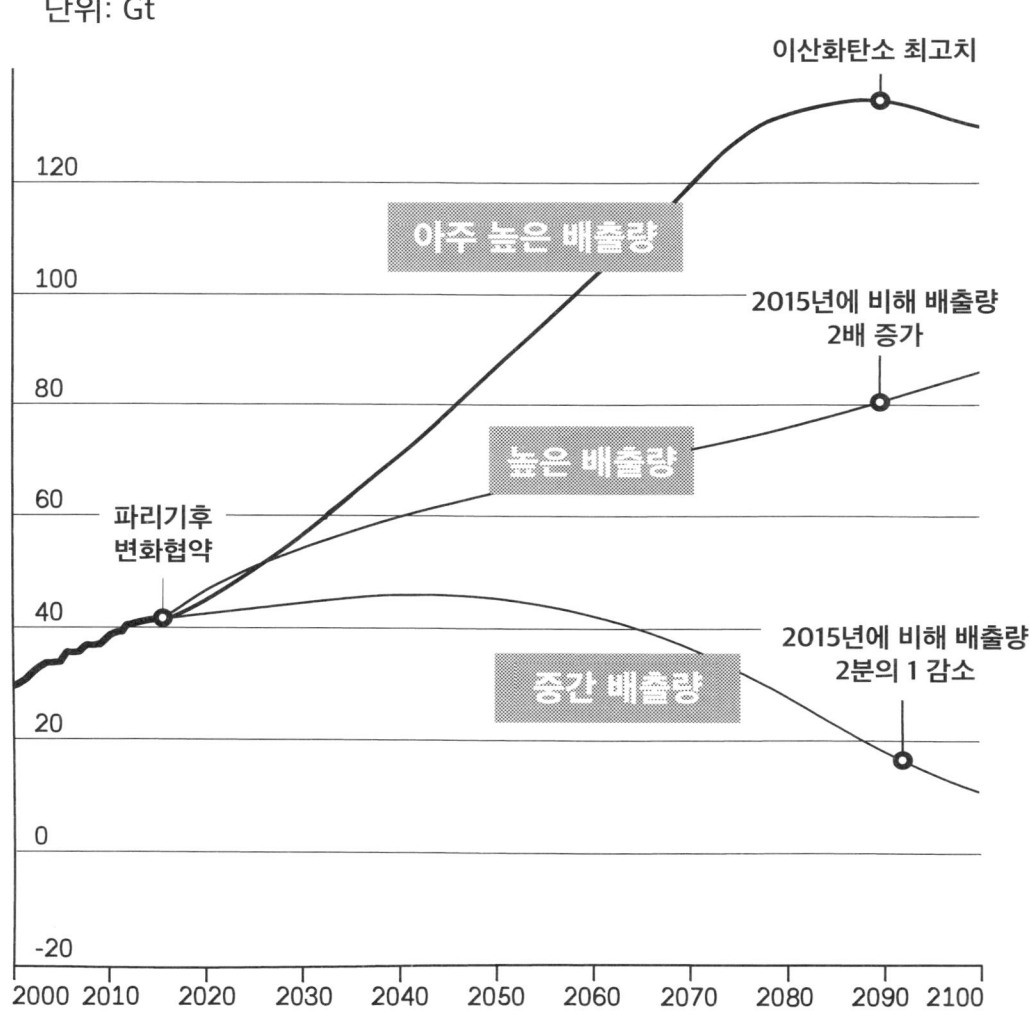

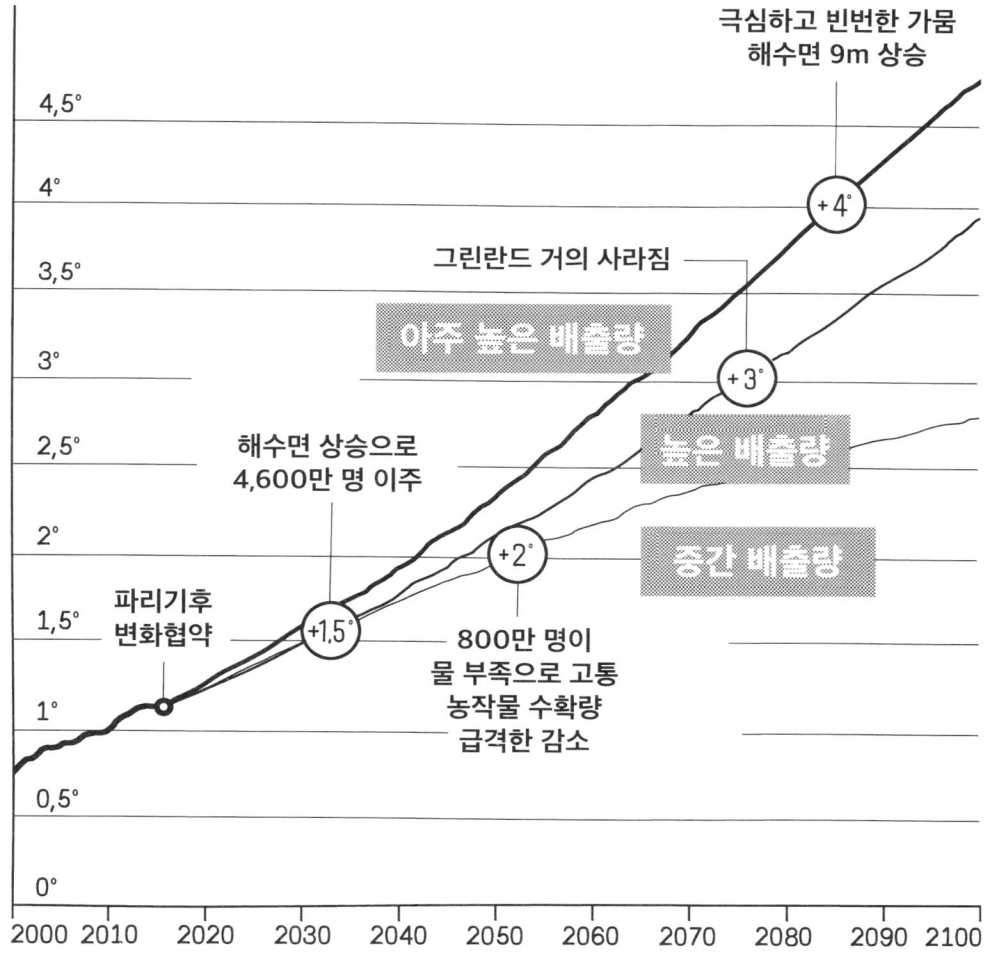

3 무선 세상의 폭주

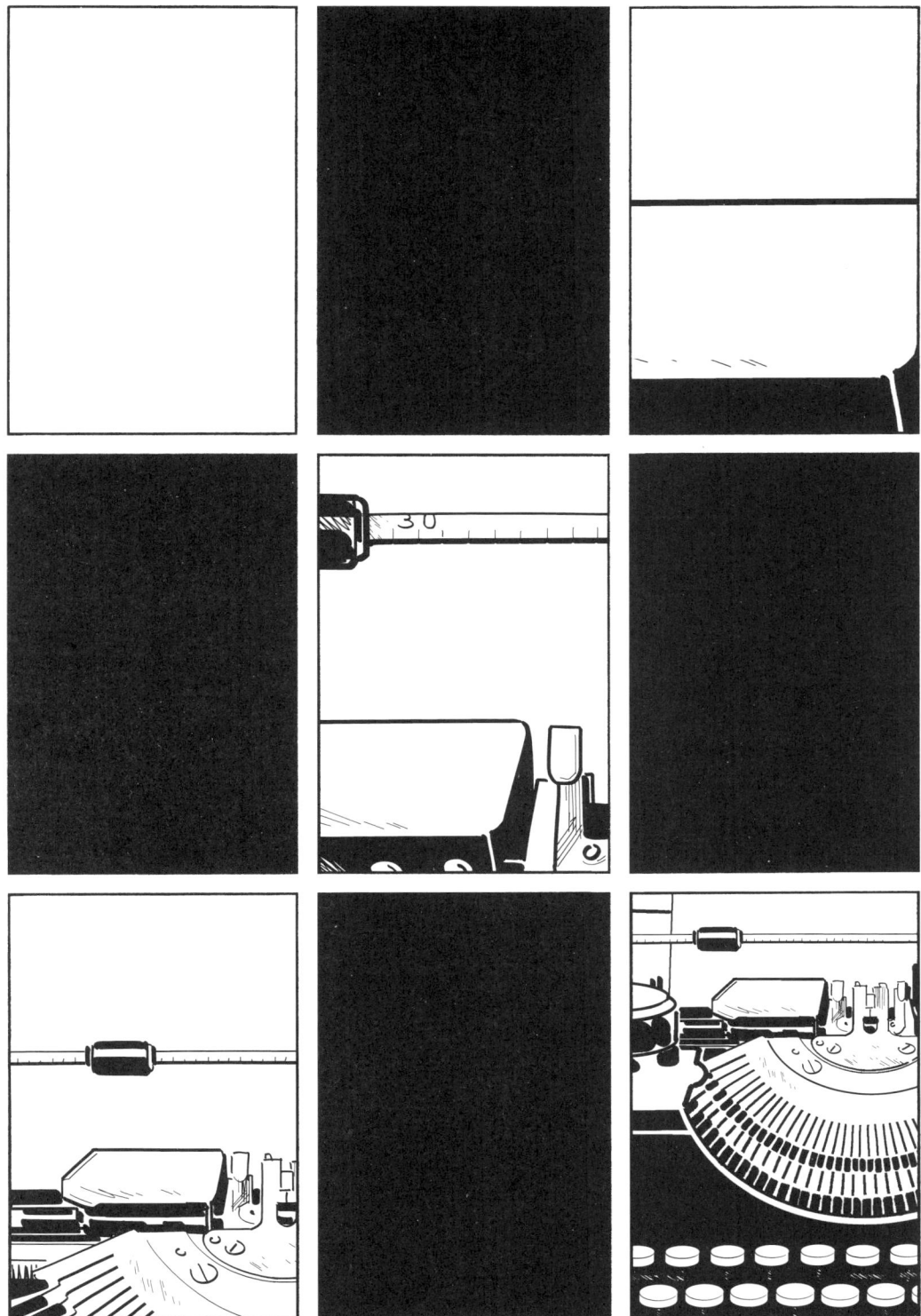

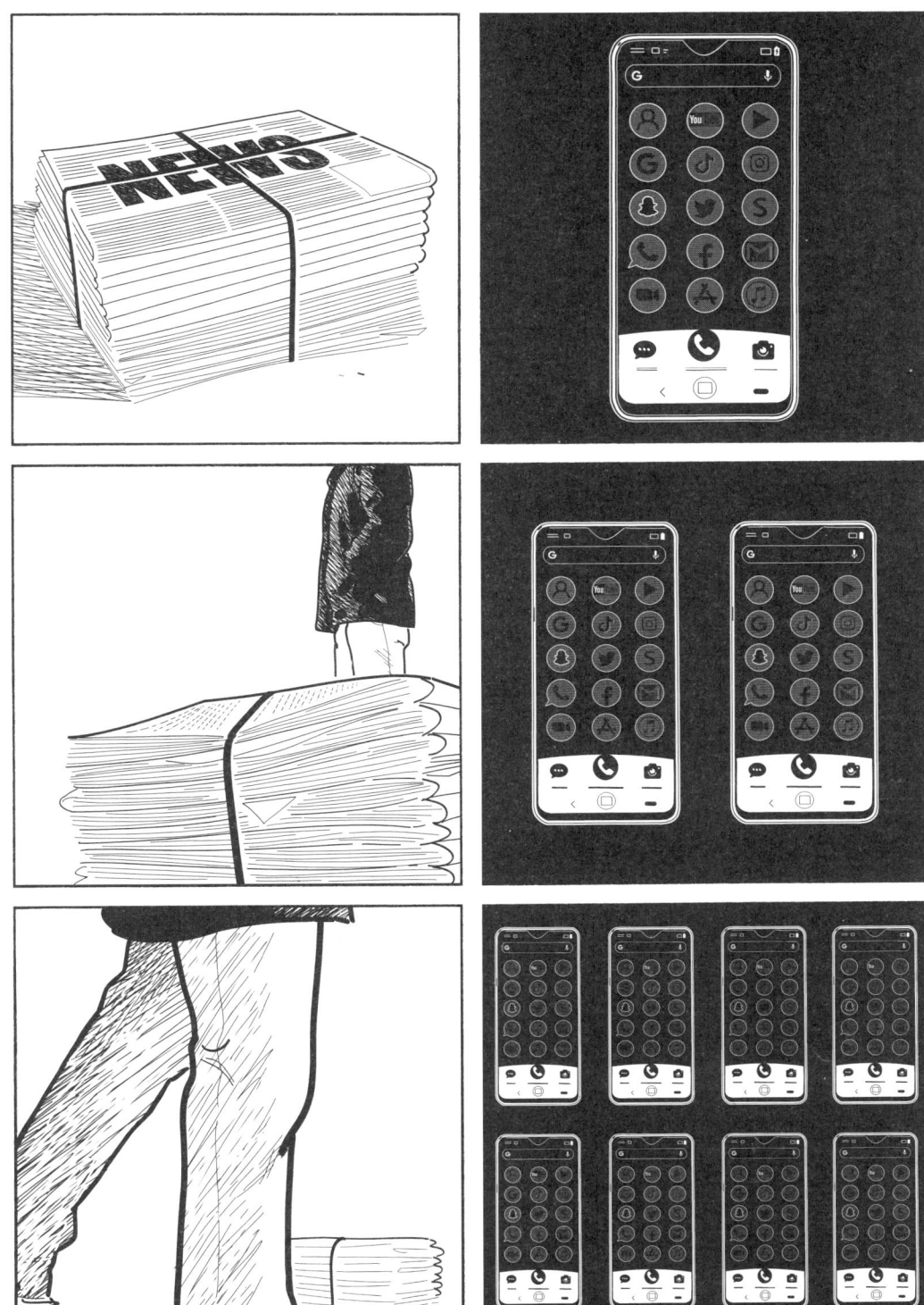

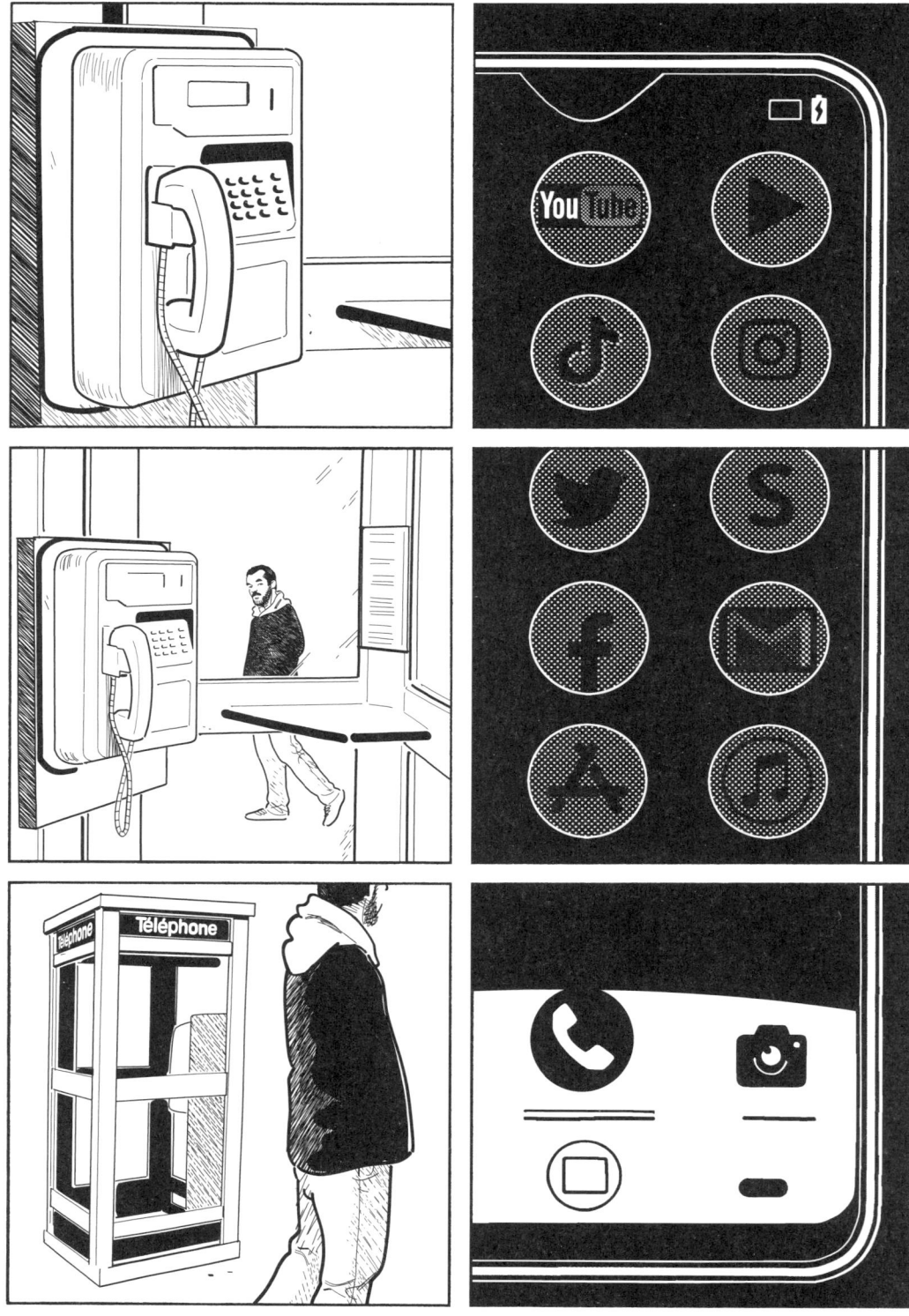

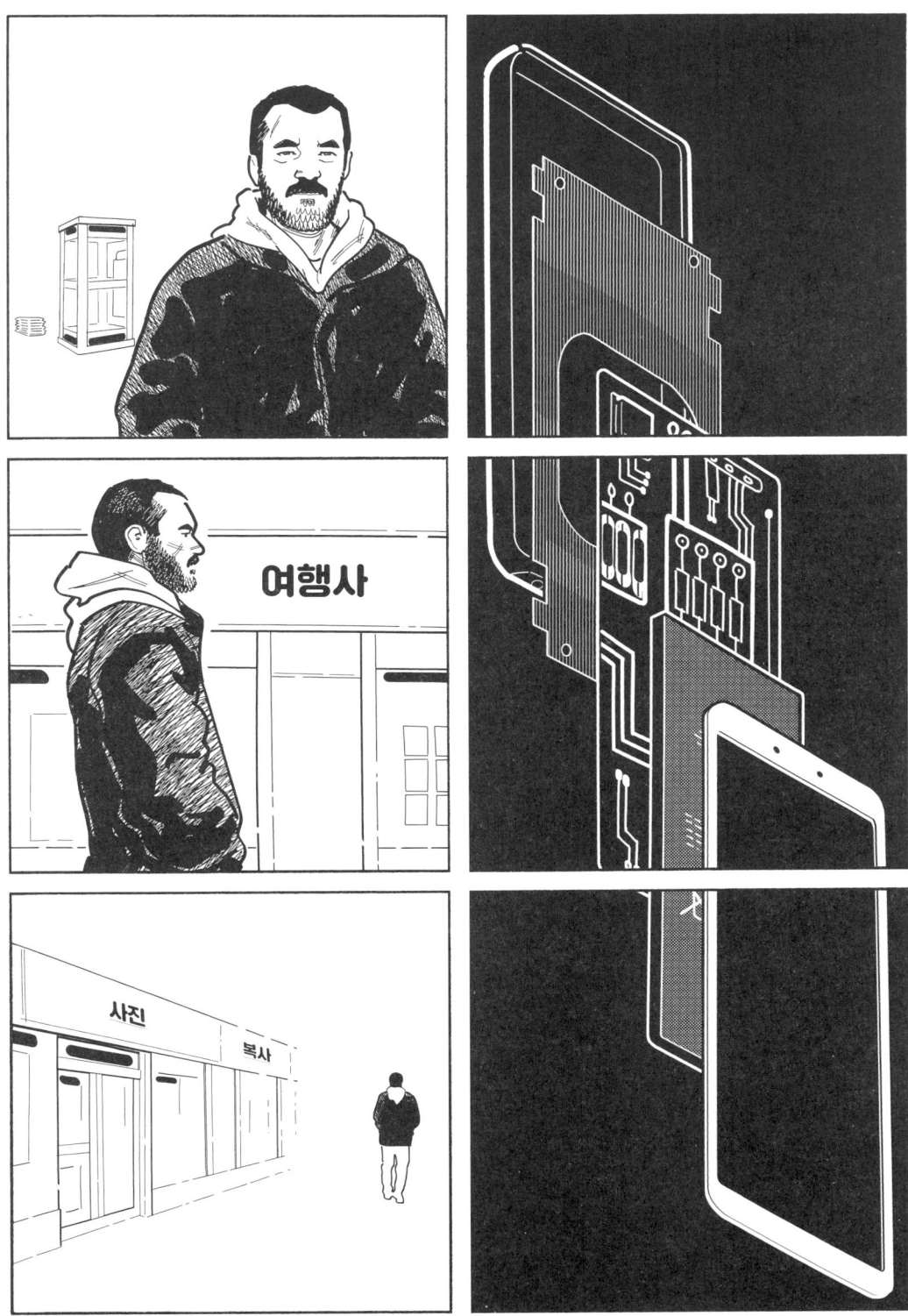

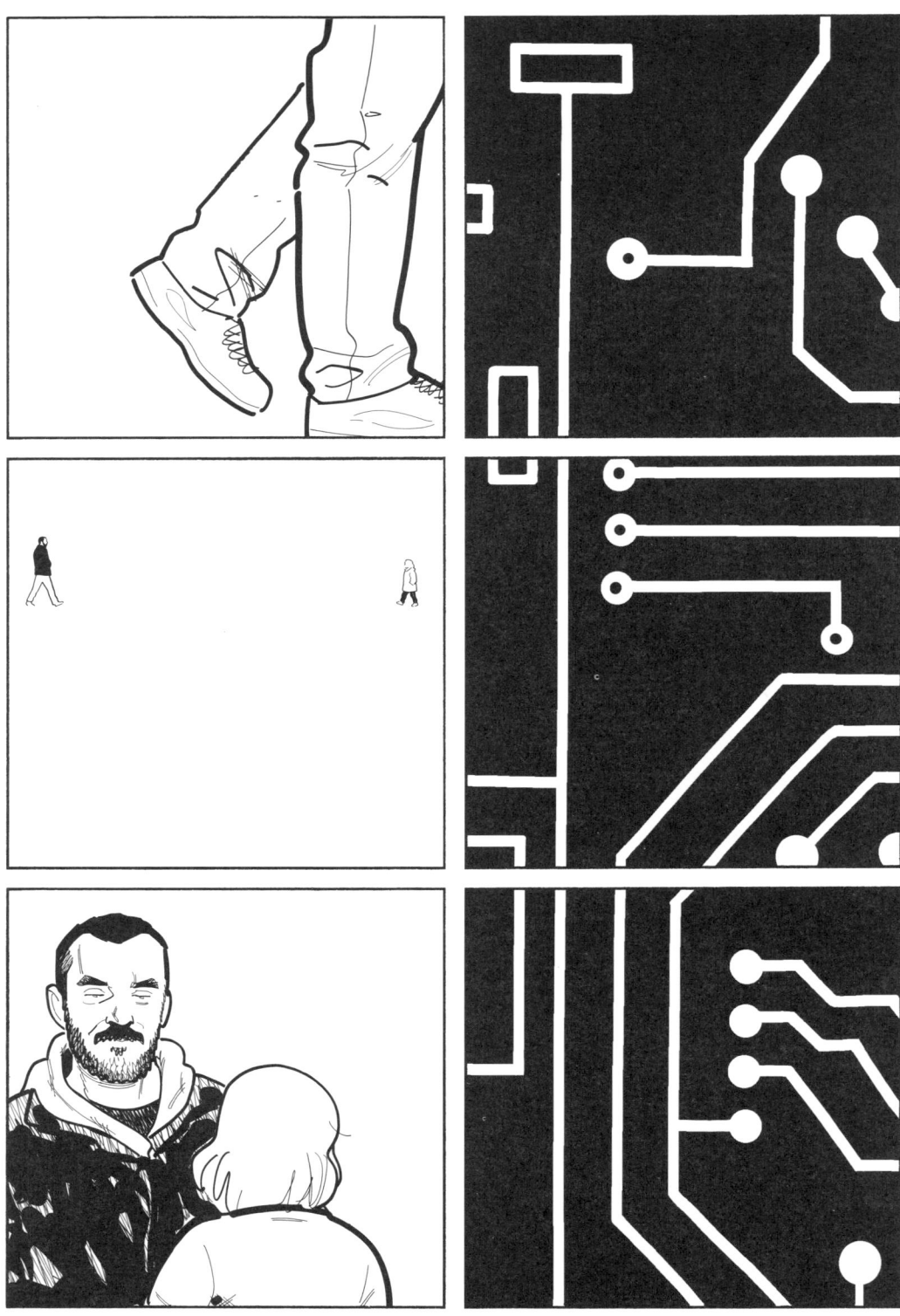

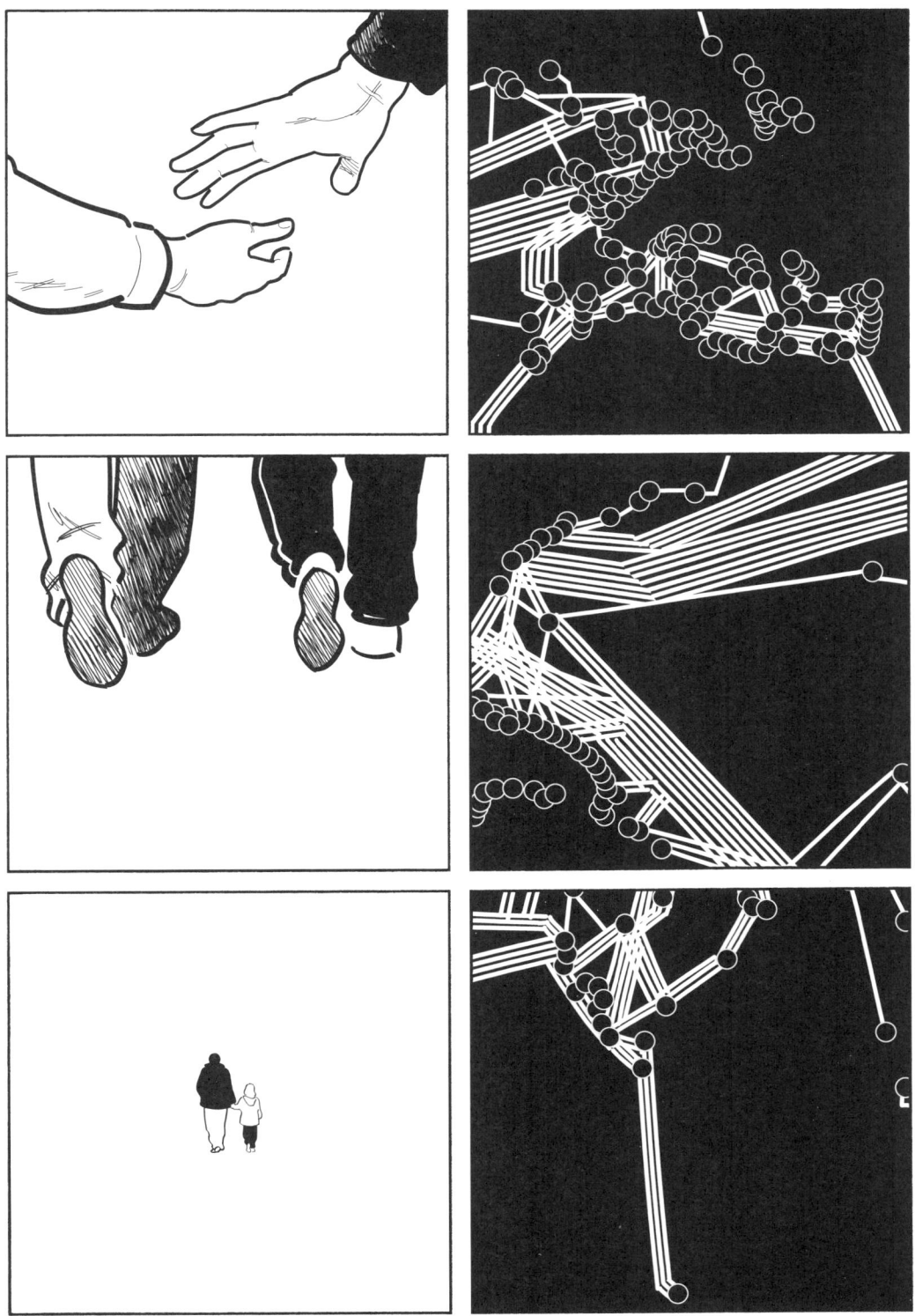

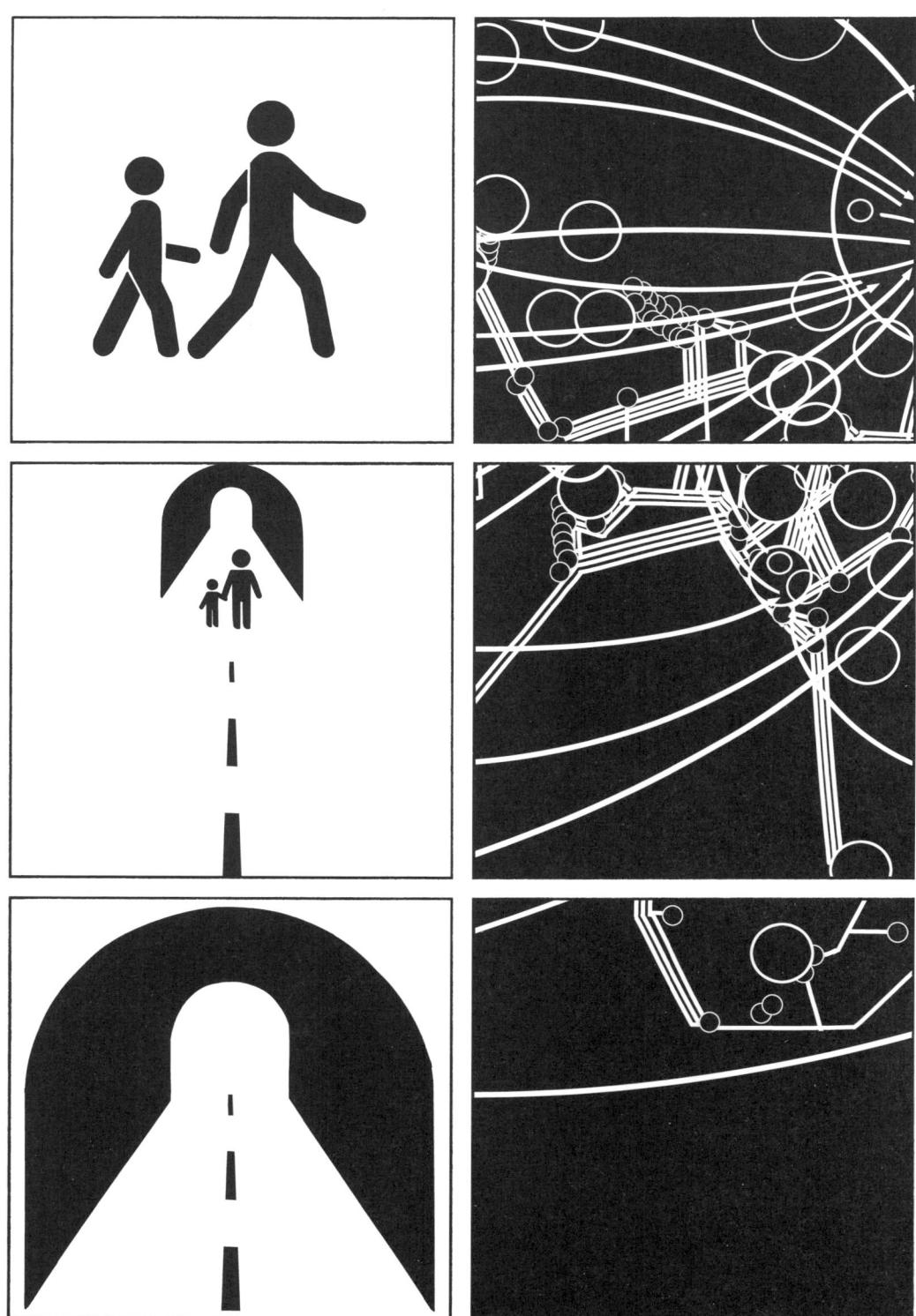

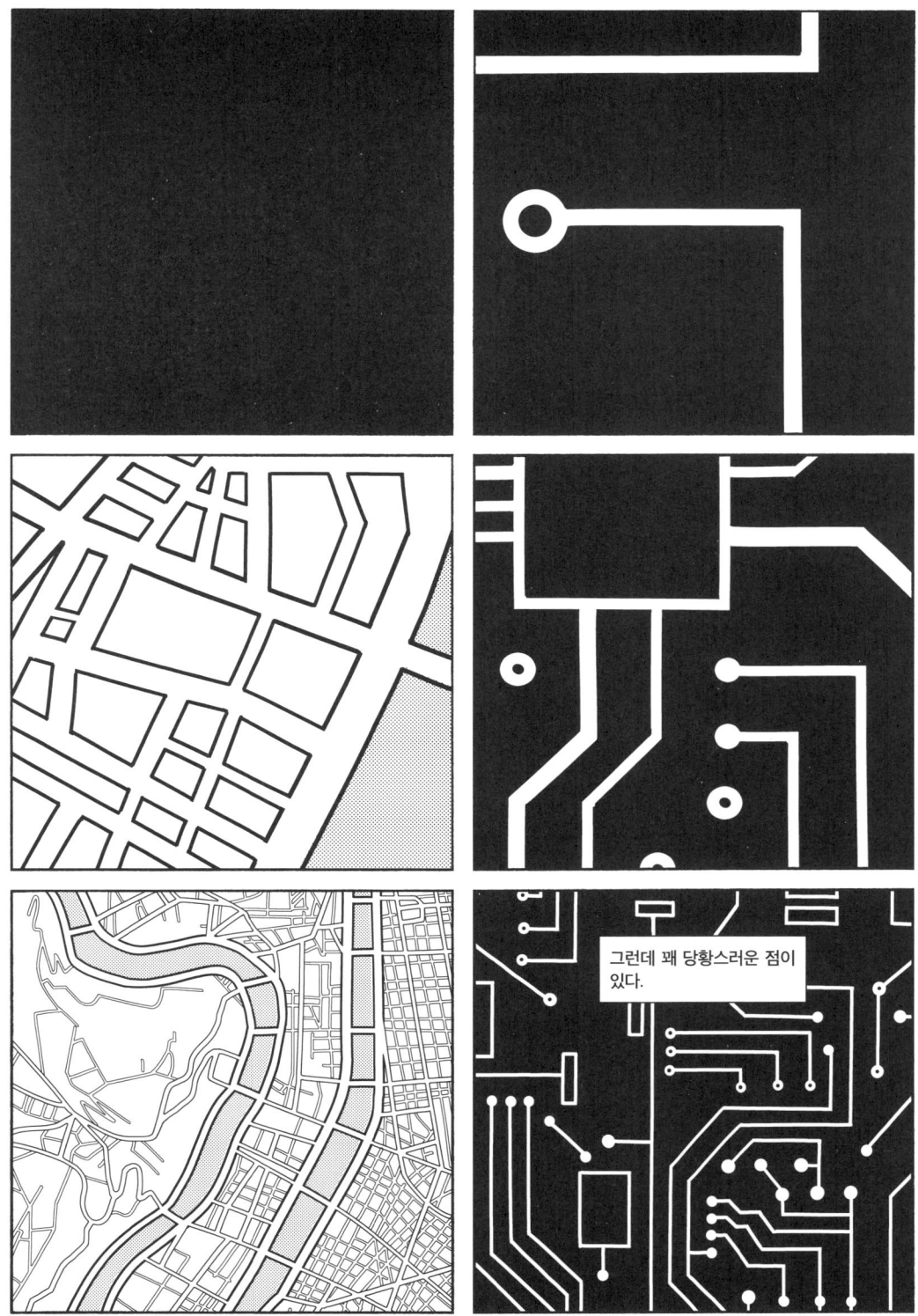

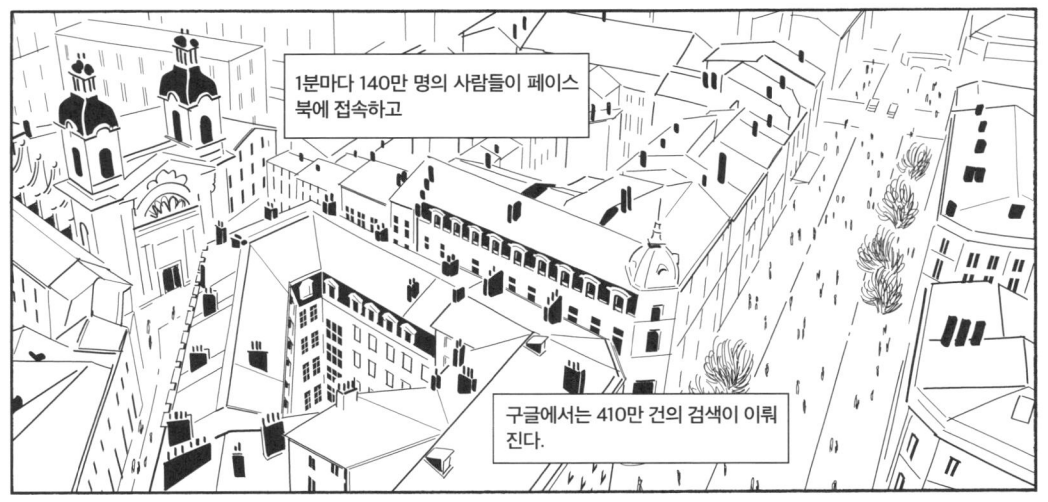

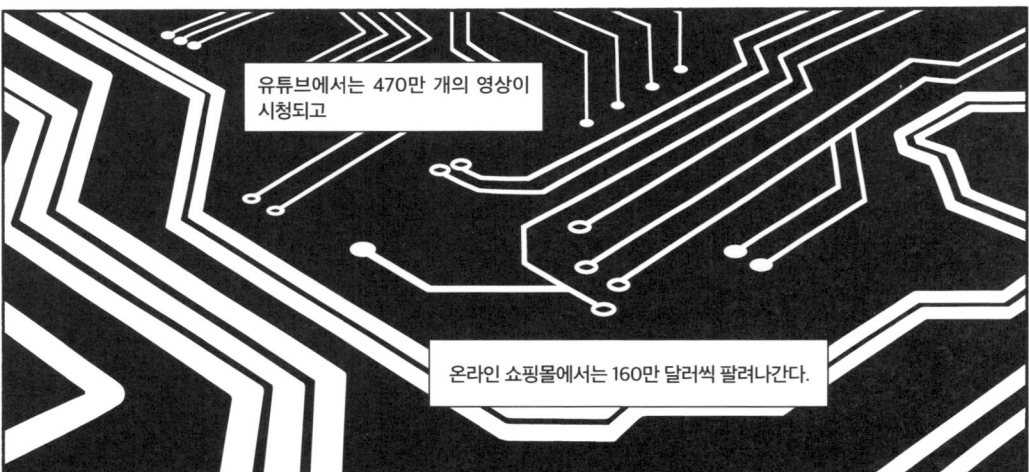

물론 의도적인 전략이다.

거대 디지털 기업들은 물리적으로 존재하지 않는다는 전략을 짰다.

디지털 세상은 어디까지나 비물질적인 세상이라는 생각을 강조하기 위한 목적이다.

그저 구름일 뿐.

클라우드처럼

3장 무선 세상의 폭주

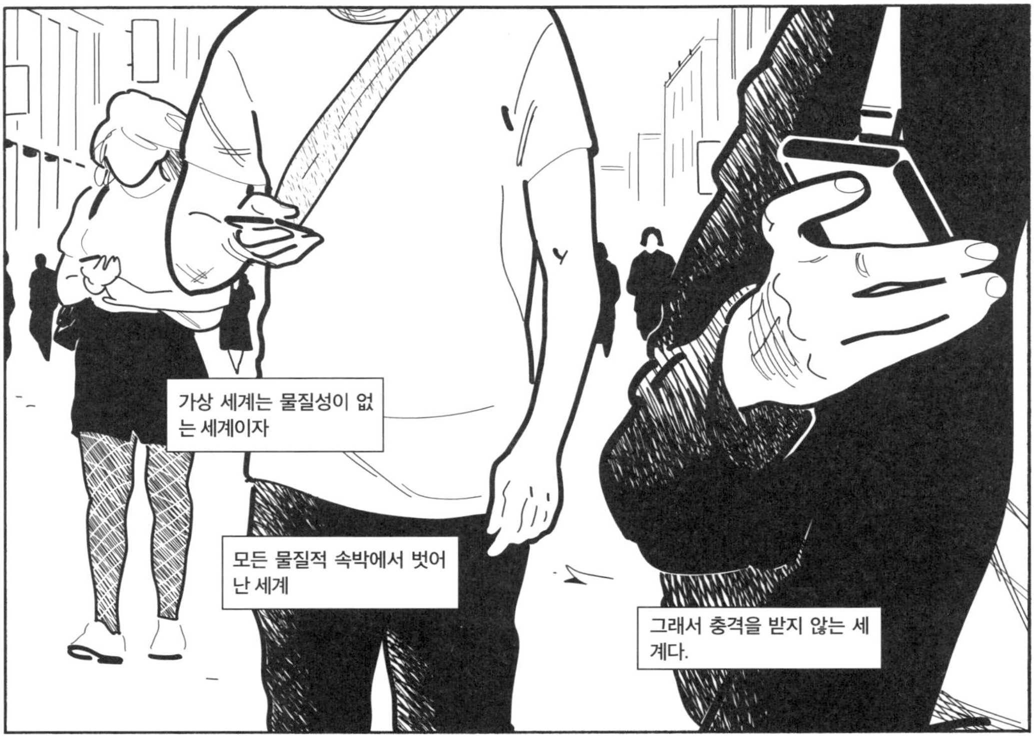

가상 세계는 물질성이 없는 세계이자

모든 물질적 속박에서 벗어난 세계

그래서 충격을 받지 않는 세계다.

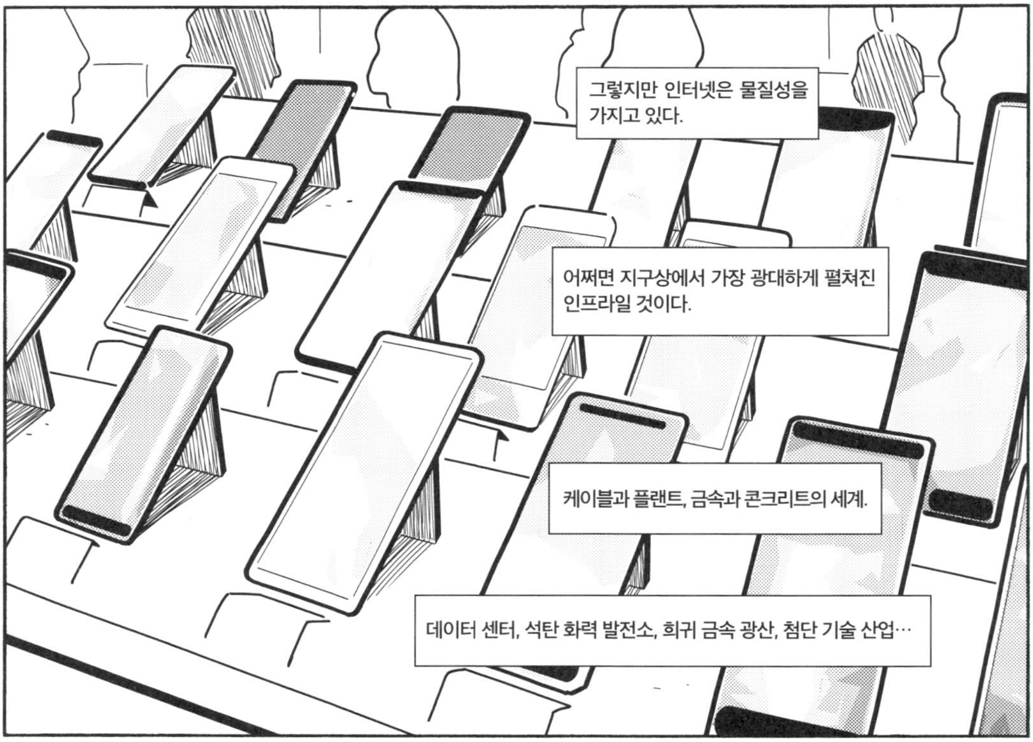

그렇지만 인터넷은 물질성을 가지고 있다.

어쩌면 지구상에서 가장 광대하게 펼쳐진 인프라일 것이다.

케이블과 플랜트, 금속과 콘크리트의 세계.

데이터 센터, 석탄 화력 발전소, 희귀 금속 광산, 첨단 기술 산업…

여기서 말하는 물질성이란 우선 수억 대의 컴퓨터

태블릿PC

스마트폰

바로 우리의 인터넷 출입문, 디지털 기기다.

이를 제조해야 하고

운송해야 하며

판매해야 한다.

위성 인터넷은 아직 그 수가 매우 적지만 지난 수년 사이 빠르게 발전했다.

이제는 초대형 군집 위성을 쏘아 올리는 민간 기업도 등장했다.

일론 머스크가 세운 기업 '스페이스X'는 전 세계 각지에 초고속 인터넷을 공급할 수 있는 스타링크(Starlink) 기술을 펼치기 위해서 총 4만 2,000개의 인공위성을 발사할 예정이다.

아마존과 페이스북 역시 각각 '카이퍼 프로젝트'와 '아테나 프로젝트'를 시작하면서 바로 뒤따라갔다.

단 한 개의 통신 위성만으로도 수백만 명이 서비스를 이용할 수 있다는 장점이 있지만, 글로벌 환경 영향 평가에서는 이러한 프로젝트에 대한 의문이 제기되고 있다.

우선 인공위성은 정해진 궤도 위치에 도달해야 하기 때문에 애당초 환경에 영향을 미칠 수밖에 없다.

로켓은 지구 대기권을 빠져나가기 위해 알루미늄·염화수소·질소·이산화탄소 등이 섞인 그을음을 발산한다.

ESG 평가기관인 'S&P 글로벌 서스테이너블 1'의 분석에 따르면 재래식 연료를 사용하는 상업용 우주 발사는 518톤에 달하는 이산화탄소를 배출한다.

이는 자동차 한 대가 290만km, 즉 지구 74바퀴를 도는 거리를 달리면서 내뿜는 양과 같다.

현재 약 450개의 케이블이 해저에 깔려 있다. 총 길이 130만km로 지구 둘레의 30배에 달한다.

세계에서 가장 긴 해저 케이블인 'SEA-ME-WE 3'은 총 길이 3만 9,000km로 홍해를 가로질러 동남아시아와 서유럽을 연결한다.

국제 관계 전문가 세르주 브장제르(Serge Besanger)에 따르면, 프랑스 연간 국내총생산(GDP)의 4배에 달하는 금액인 10조 달러 이상의 금융 거래가 이 '해저 고속도로'를 통과하고 있다.

이러한 해저 케이블망은 인정사정없이 늘어나고 있다.

2020년 한 해 동안 설치된 케이블의 수는 36개로 신기록을 세웠다.

구글은 미국의 뉴욕, 영국, 스페인을 잇는 해저 케이블을 설치했다.

페이스북은 아프리카 대륙을 둘러싸는 해저 케이블을 깔았다.

지금 같은 속도라면 향후 2030년까지 해저 케이블이 약 1,000개에 달할 수도 있다.

해저 케이블을 소유하고 있는 건 주로 대형 인터넷 서비스 제공 사업자(도이치 텔레콤·에이티앤티·보다폰·오랑주…)다.

그런데 구글, 아마존 등의 '가팜' 역시 자신들의 해저 광케이블을 가지고 있다.

2017에서 2020년 사이 대서양에서 가팜의 시장 점유율은 5%에서 50%로 증가했다.

2023년에는 90%까지 증가할 것으로 예상된다.

이제 페이스북이나 구글이 출자에 참여하지 않은 채 설치된 해저 케이블은 사실상 존재하지 않는다.

중국의 거대 기업들도 이와 같은 해저 케이블 정복에 뛰어들었다. 예컨대, 중국과 프랑스 마르세유를 잇는 해저 케이블 'PEACE'는 중국의 헝퉁 기업 소유다.

이런 식으로 민간 기업이 해저 인터넷 케이블을 장악하다 보면 결국 디지털 세상은 전 세계에서 가장 막강한 기업들에 의존하게 될 것이다.

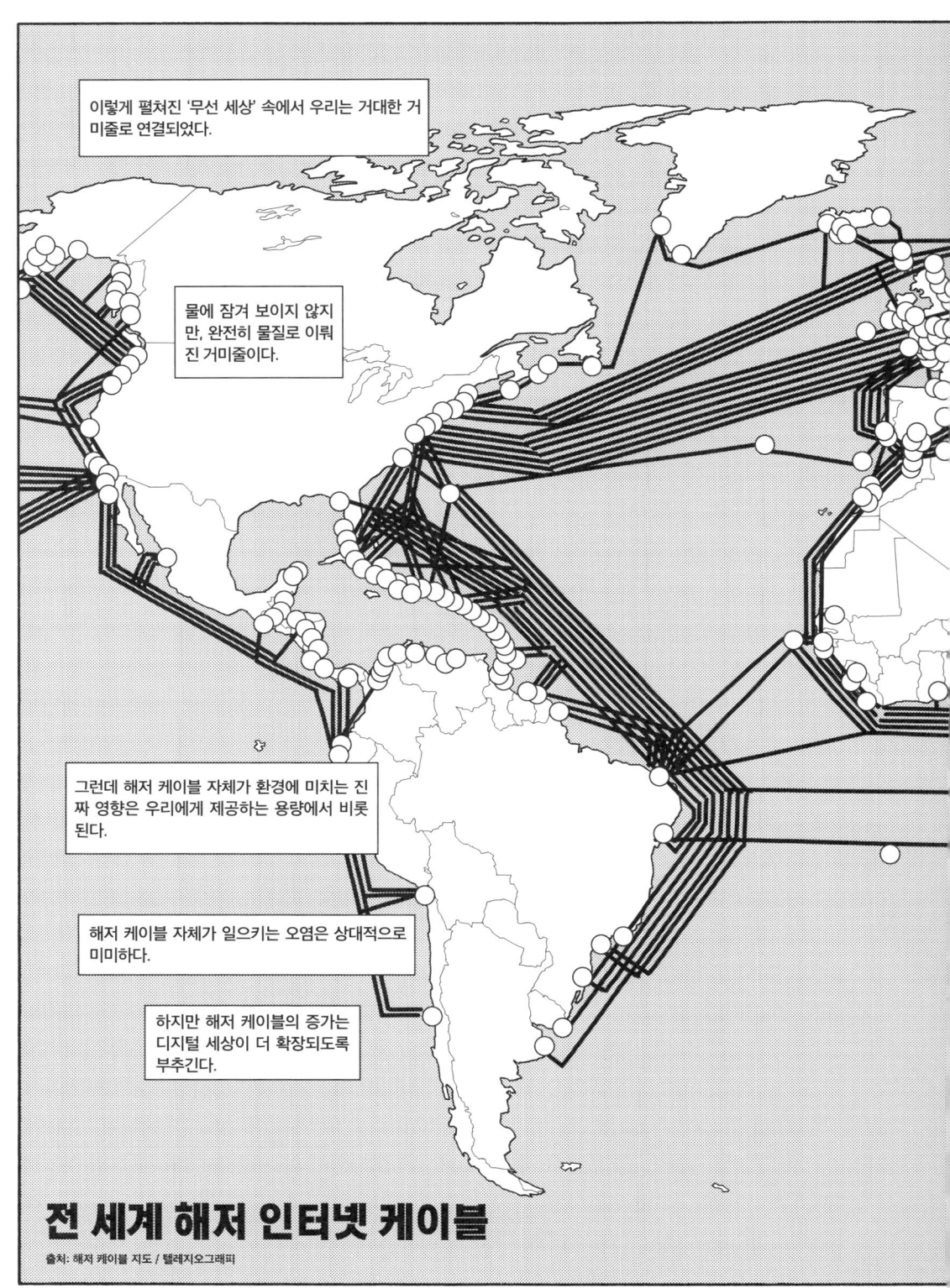

전 세계 해저 인터넷 케이블
출처: 해저 케이블 지도 / 텔레지오그래피

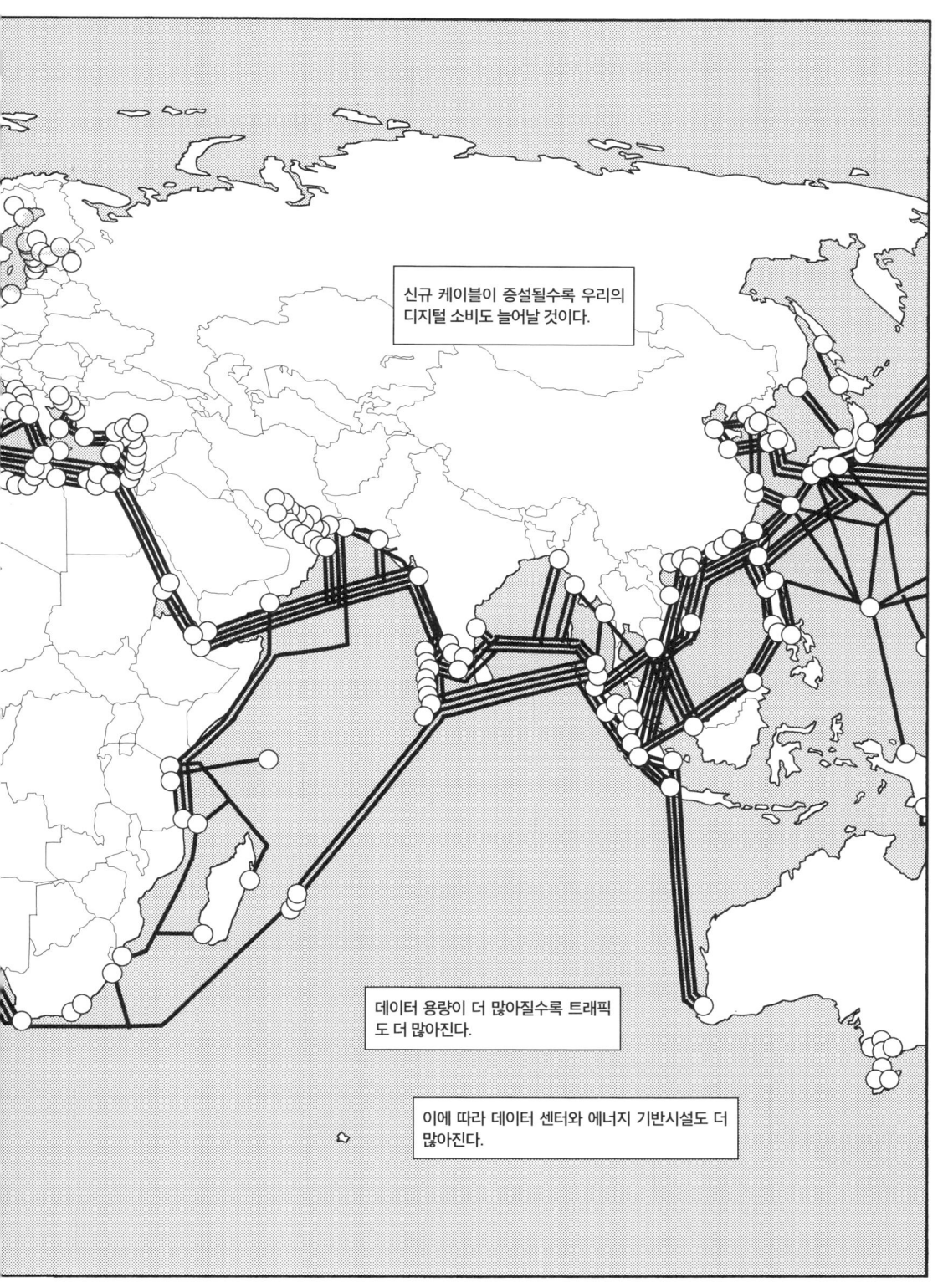

데이터 센터는 디지털 세계를 구성하는 세 가지 요소 중 하나로, 다른 두 가지는 네트워크와 사용자 단말기다.

단말기(컴퓨터·태블릿PC·스마트폰)는 데이터 센터에서 저장 및 처리되는 정보들을 주고받기 위해 네트워크(해저 케이블·이동통신망 안테나·광섬유 케이블)를 통해 서로 연결된다.

디지털 절약 전문가 프레데릭 보르다주(Frédéric Bordage)의 설명에 따르면, 데이터 센터는 여러 대의 서버와 데이터 디스크 어레이가 사는 건물이다.

서버는 모니터가 없는 거대한 컴퓨터로 데이터를 처리하는 일을 한다.

디스크 어레이는 데이터가 저장된 하드 디스크의 수납장으로 보면 된다.

약 300만 개의 데이터 센터가 아주 다양한 규모로 전 세계에 흩어져 있다.

대다수 데이터 센터는 500m^2 이하의 규모다.

4만m^2 이상의 규모로 건립된 데이터 센터도 일부 있다.

세계에서 가장 큰 데이터 센터는 중국에 있으며 약 60만m^2 크기로 축구 경기장 110개를 합친 면적이다.

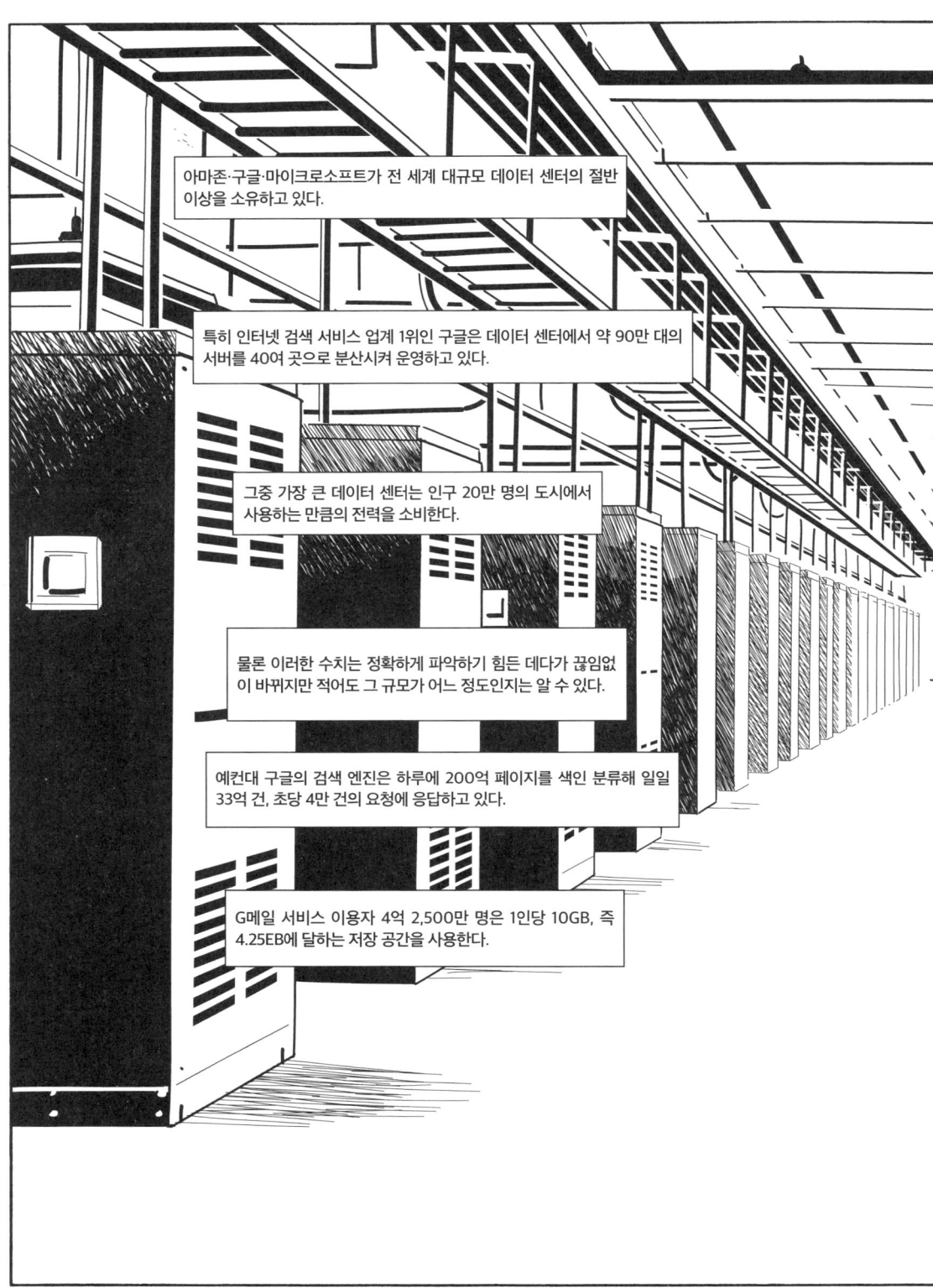

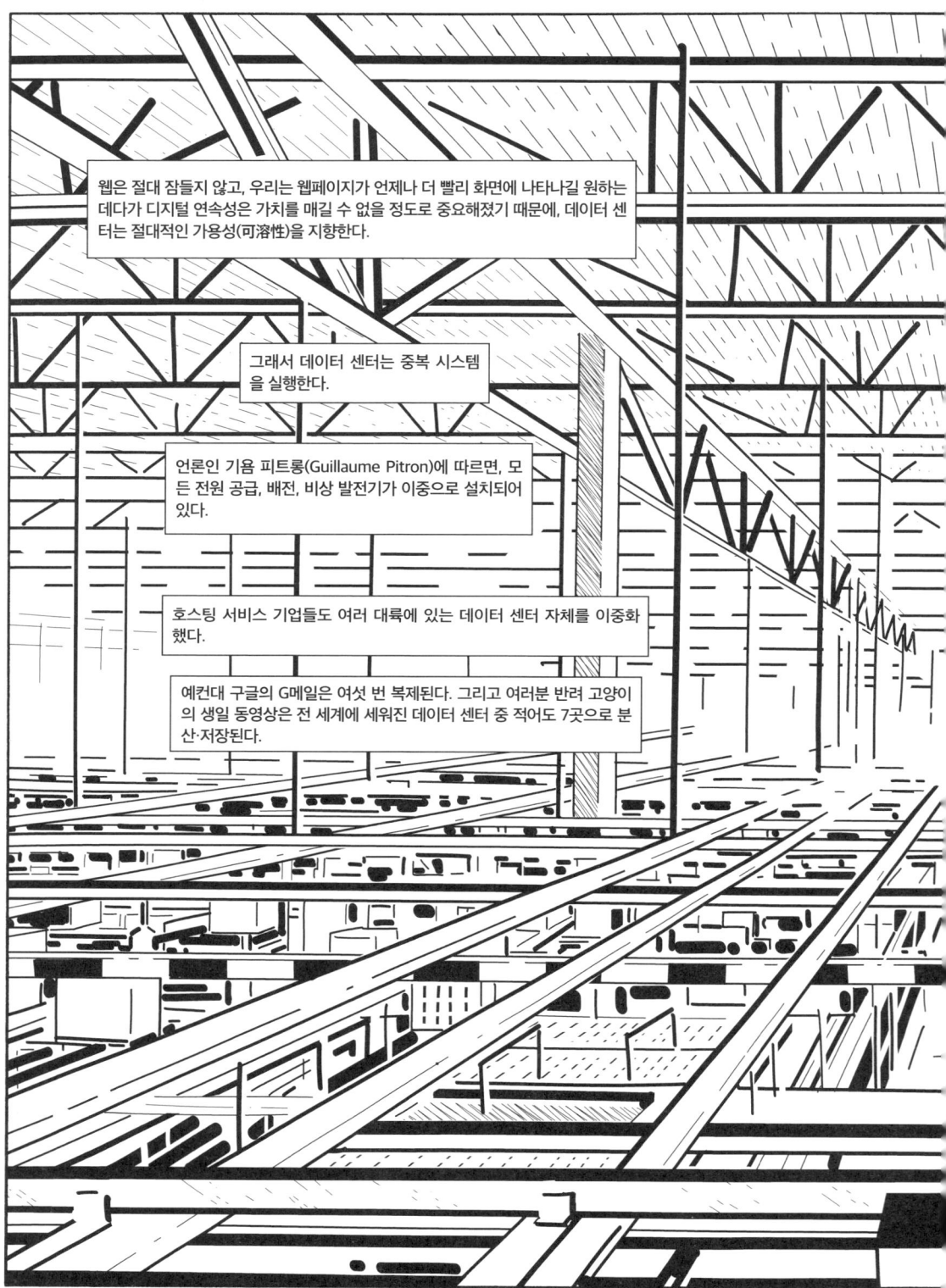

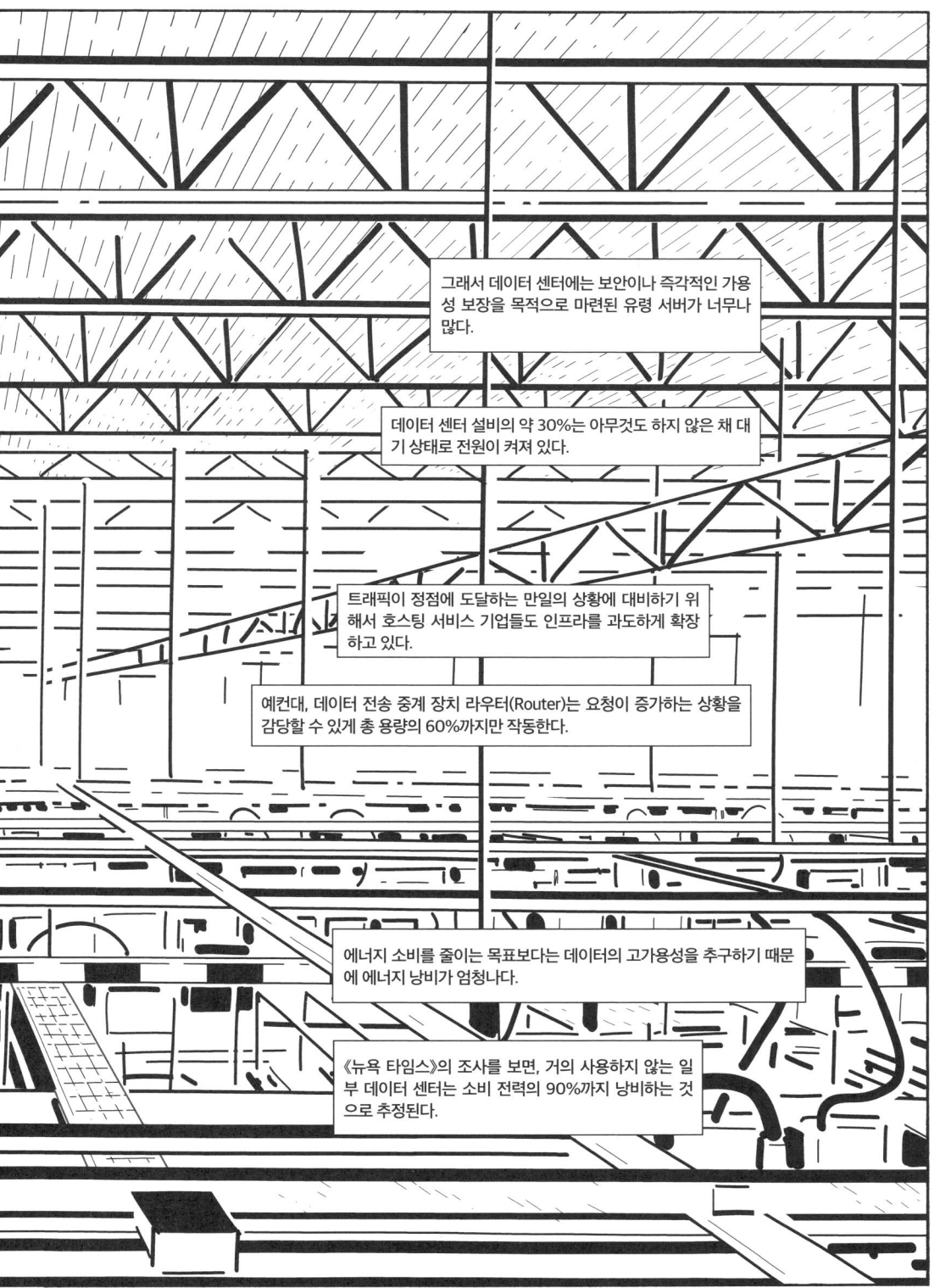

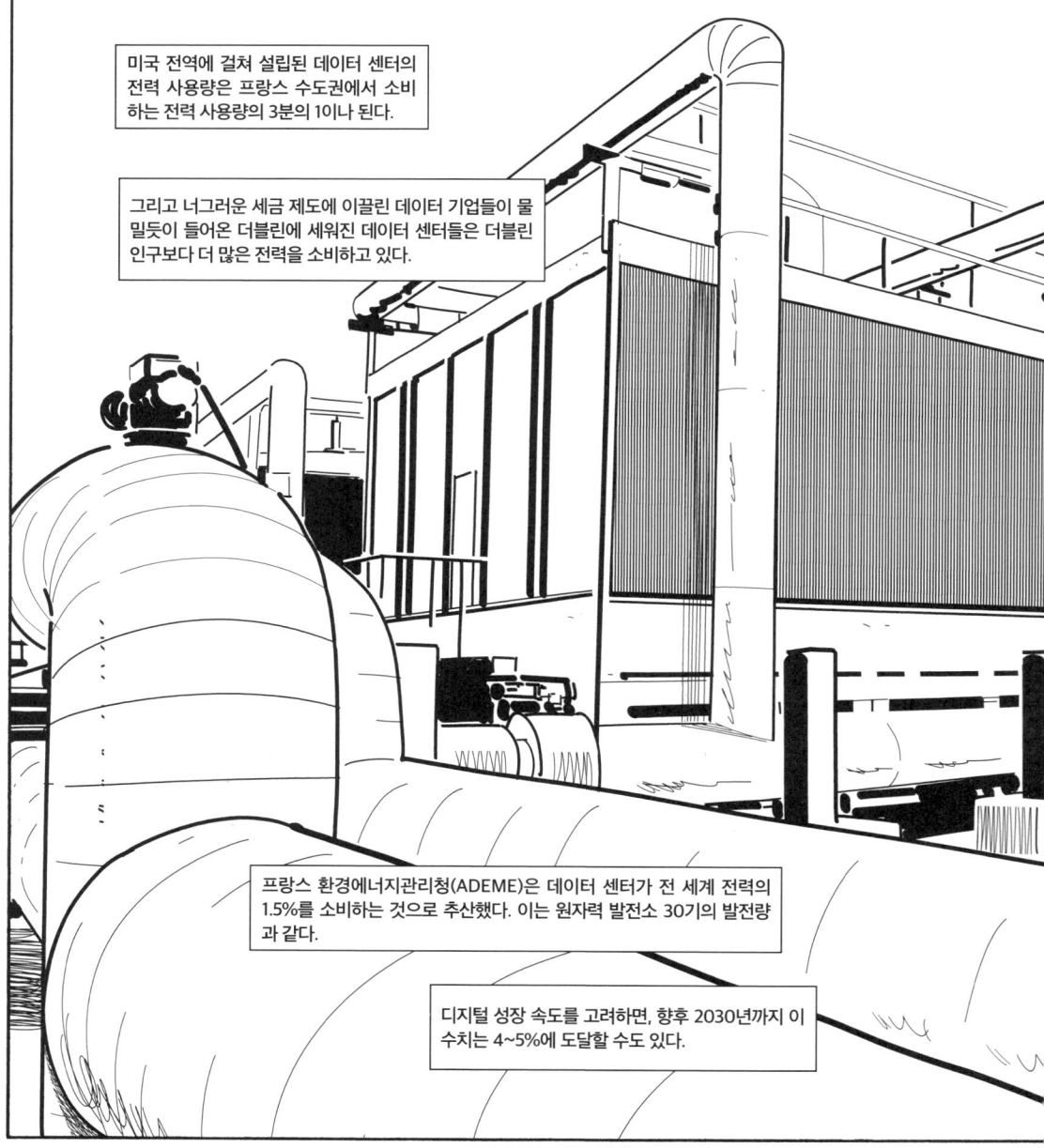

이렇듯 데이터 센터는 엄청나게 많은 에너지를 소비한다.

중간 규모의 데이터 센터 한 곳에서 시간당 대략 4MW의 전력이 소비된다. 이는 미국에서 3,000가구가 소비하는 전력량과 같다.

미국 전역에 걸쳐 설립된 데이터 센터의 전력 사용량은 프랑스 수도권에서 소비하는 전력 사용량의 3분의 1이나 된다.

그리고 너그러운 세금 제도에 이끌린 데이터 기업들이 물밀듯이 들어온 더블린에 세워진 데이터 센터들은 더블린 인구보다 더 많은 전력을 소비하고 있다.

프랑스 환경에너지관리청(ADEME)은 데이터 센터가 전 세계 전력의 1.5%를 소비하는 것으로 추산했다. 이는 원자력 발전소 30기의 발전량과 같다.

디지털 성장 속도를 고려하면, 향후 2030년까지 이 수치는 4~5%에 도달할 수도 있다.

이러한 전력 수요 외에 에너지 소비가 일어나는 부문은 서버다. 서버는 최대 섭씨 120도의 어마어마한 열기를 내뿜기 때문에 물과 공기를 이용한 냉각 시스템으로 식혀야 한다.

보르다주의 설명에 따르면, 15년 전부터 냉각 시스템이 상당히 발전했기 때문에 서버가 더 높은 온도에서 작동하더라도 에너지를 덜 소비하고 열을 덜 내뿜는다.

전반적으로 지난 15년 동안 서버의 에너지 효율이 2배 높아졌다.

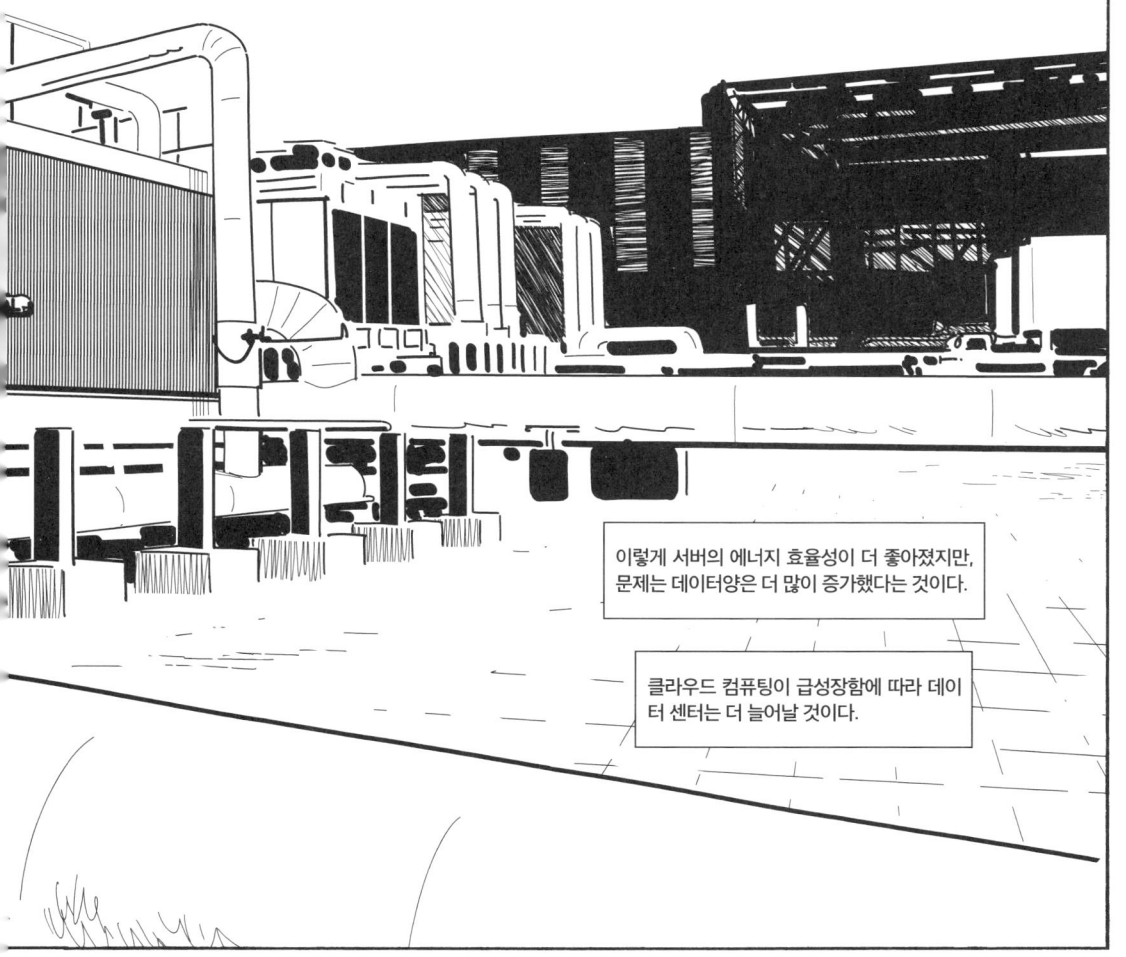

이렇게 서버의 에너지 효율성이 더 좋아졌지만, 문제는 데이터양은 더 많이 증가했다는 것이다.

클라우드 컴퓨팅이 급성장함에 따라 데이터 센터는 더 늘어날 것이다.

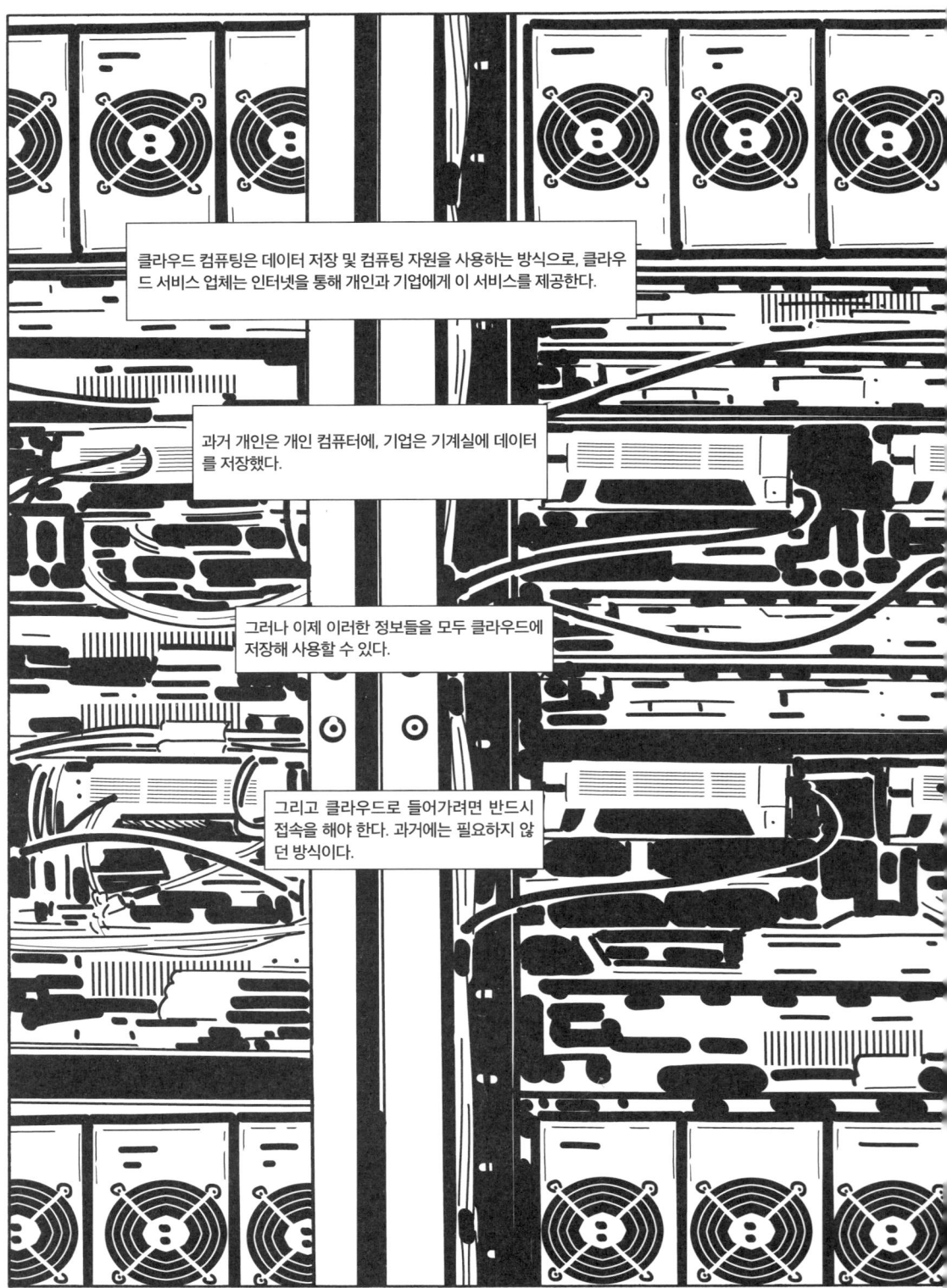

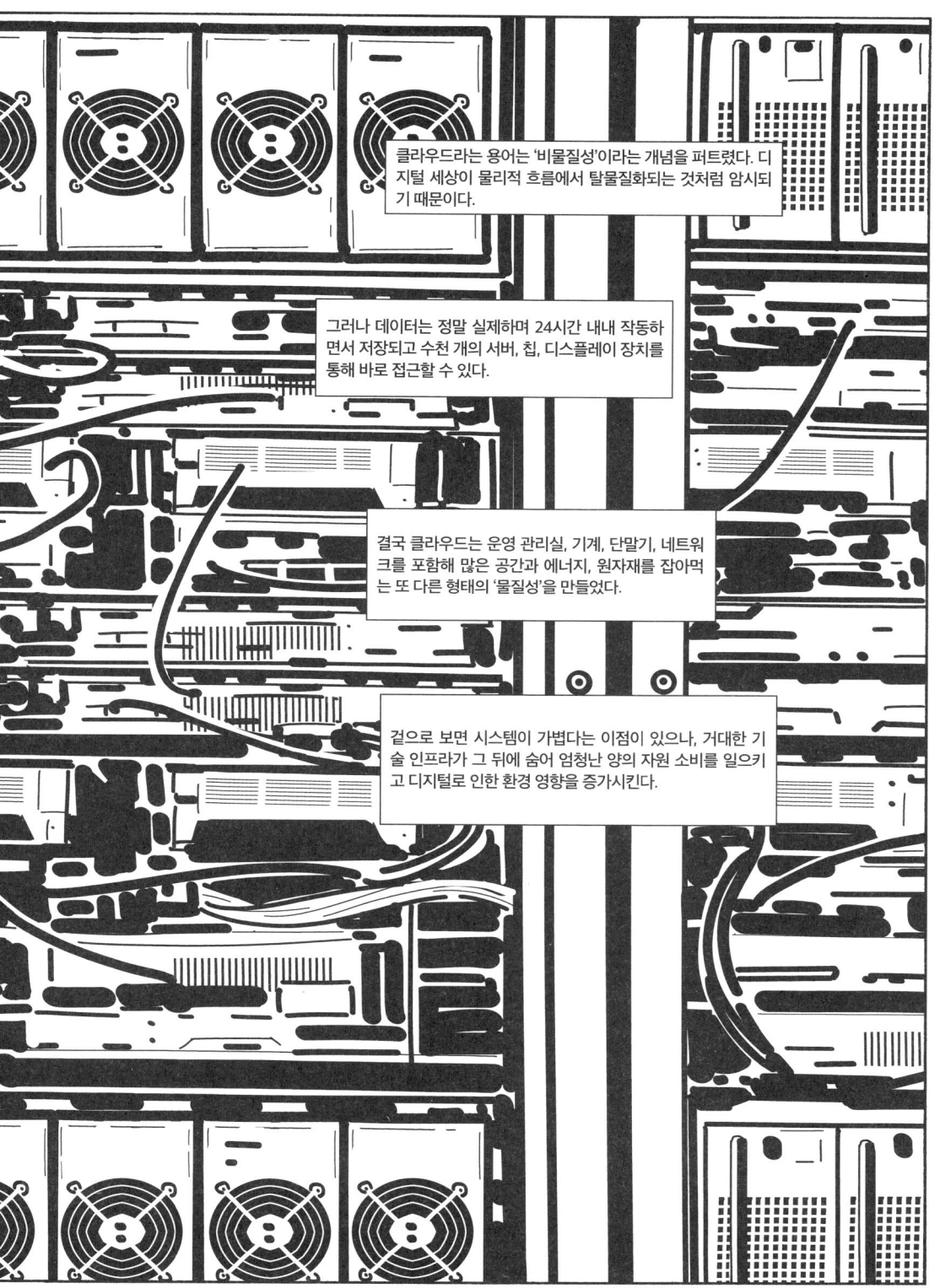

클라우드라는 용어는 '비물질성'이라는 개념을 퍼트렸다. 디지털 세상이 물리적 흐름에서 탈물질화되는 것처럼 암시되기 때문이다.

그러나 데이터는 정말 실제하며 24시간 내내 작동하면서 저장되고 수천 개의 서버, 칩, 디스플레이 장치를 통해 바로 접근할 수 있다.

결국 클라우드는 운영 관리실, 기계, 단말기, 네트워크를 포함해 많은 공간과 에너지, 원자재를 잡아먹는 또 다른 형태의 '물질성'을 만들었다.

겉으로 보면 시스템이 가볍다는 이점이 있으나, 거대한 기술 인프라가 그 뒤에 숨어 엄청난 양의 자원 소비를 일으키고 디지털로 인한 환경 영향을 증가시킨다.

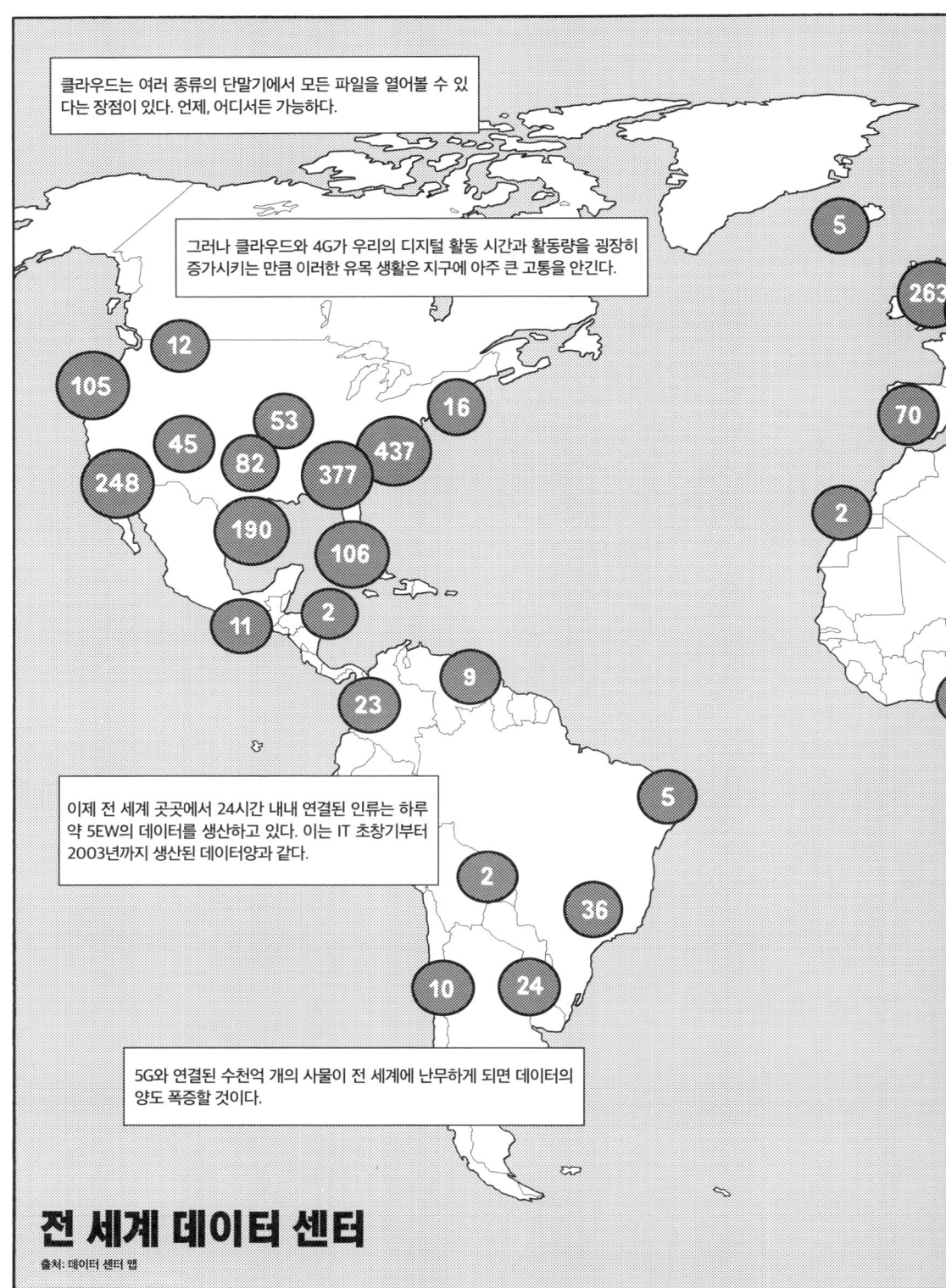

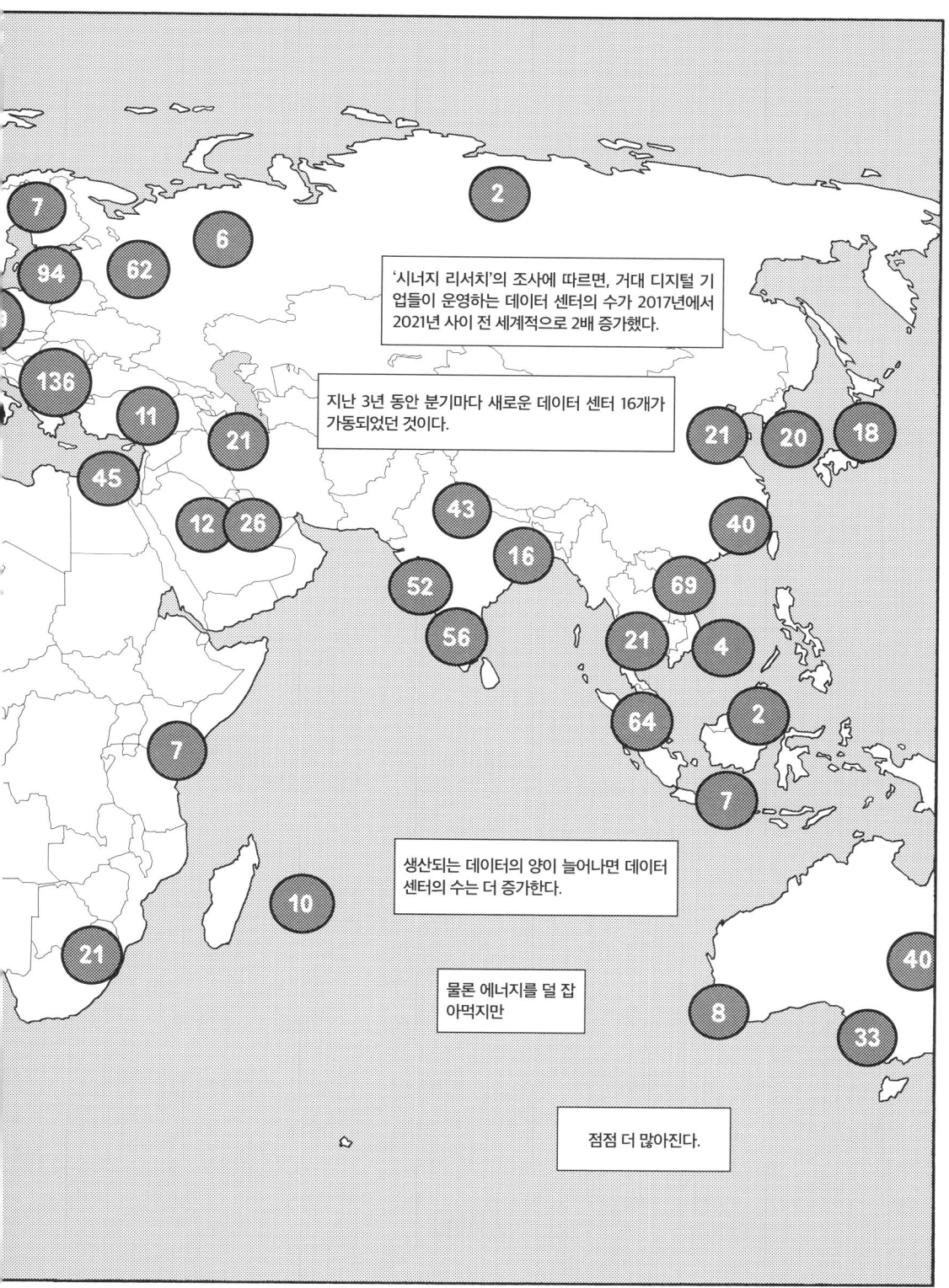

46억 명의 인터넷 이용자들에게 이런 종류의 단말기는 전 세계 IT 네트워크로 들어가는 출입문이다.

특히 스마트폰은 우리 일상생활 속에 깊이 뿌리내렸다.

지난 2007년 아이폰이 첫 출시된 이래로 전 세계적으로 100억 대의 스마트폰이 팔렸다.

성능이 점점 더 좋아지고 정교해진 스마트폰의 수가 천문학적으로 늘어남에 따라 전 세계 에너지 소비가 증가했고, 제조에 반드시 필요한 자원에 대한 수요도 커졌다.

이러한 단말기 제조 과정에서 소비되는 에너지는 단말기의 수명 주기 동안 소비되는 에너지보다 훨씬 많다.

무엇보다 단말기의 생태 발자국은 광물을 채굴하고 이를 전자 부품으로 변형시키는 과정에서 비롯된다.

예컨대, 스마트폰 제조에 드는 생태 발자국은 스마트폰의 총 생태 발자국 중 절반을 차지한다.

스마트폰의 수명 주기 동안 쓴 모든 에너지 소비의 80%가 스마트폰 제조할 때 쓰인다.

디지털로 인한 환경오염의 주된 원인은 결국 지금 전 세계 곳곳에 있는 340억 대의 휴대폰·태블릿PC·컴퓨터를 제조하는 데 필요한 원자재다.

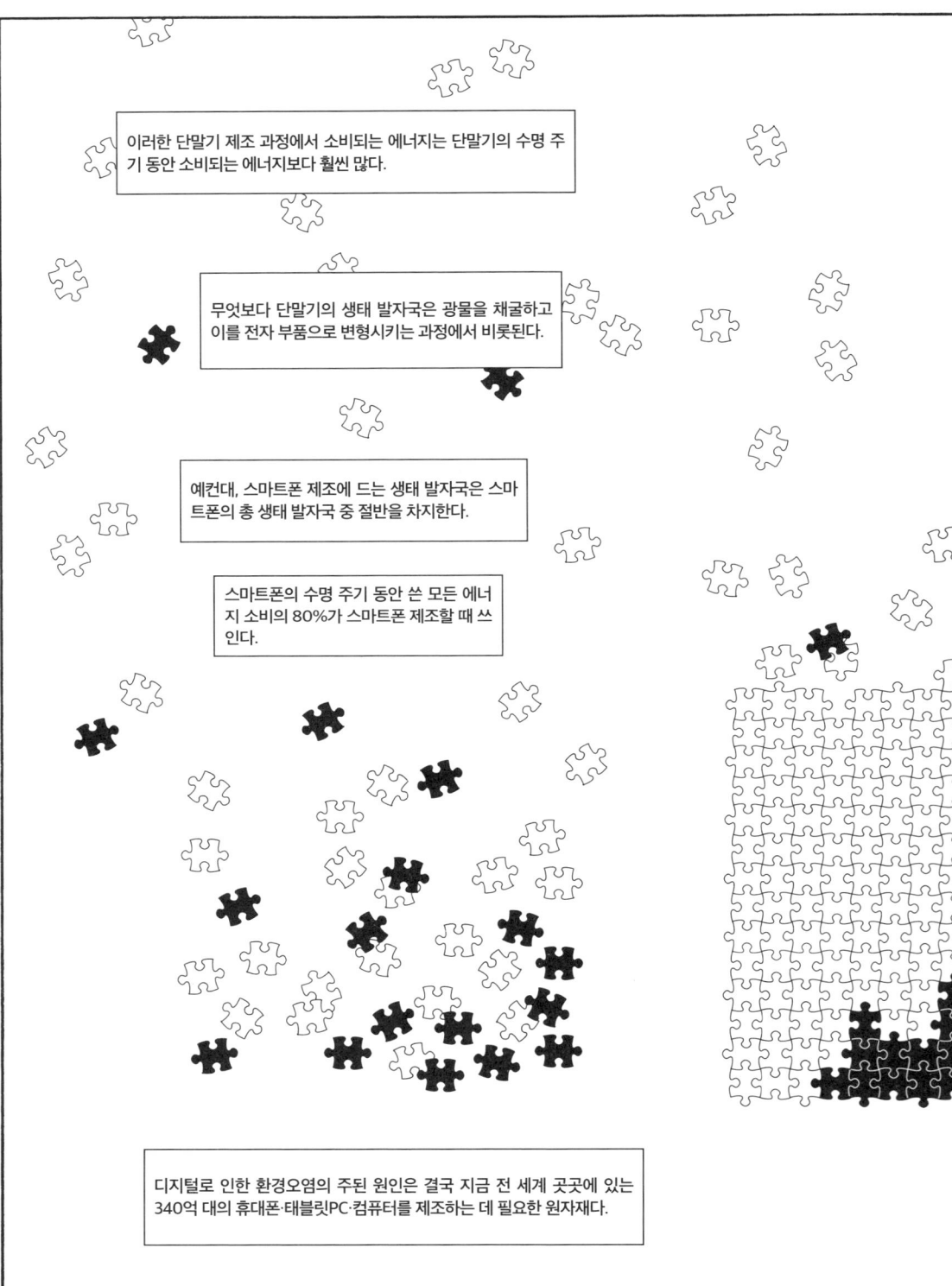

디지털 사용 증가에 발맞춰 제조사들은 점점 더 많은 하드웨어 장치와 기능을 갖춘 성능 좋고 정교한 인터페이스를 내놓고 있다.

새로운 애플리케이션과 기능이 끝없이 개발됨에 따라 스마트폰의 성능 요건 역시 쉴 새 없이 늘어났다.

지금 출시되는 기본 스마트폰에는 근접 센서, 조도 센서, 온도계, 기압계, 지자기 센서, 3축 자이로 센서, 카메라 2개, 마이크 3개, 움직임 센서, 적외선, 근접 탐지기 그리고 GPS, 와이파이, 4G, 블루투스 등과 같은 다양한 안테나가 탑재되어 있다.

그 결과 원자재 수요가 계속 증가하고 있다.

3장 무선 세상의 폭주　169

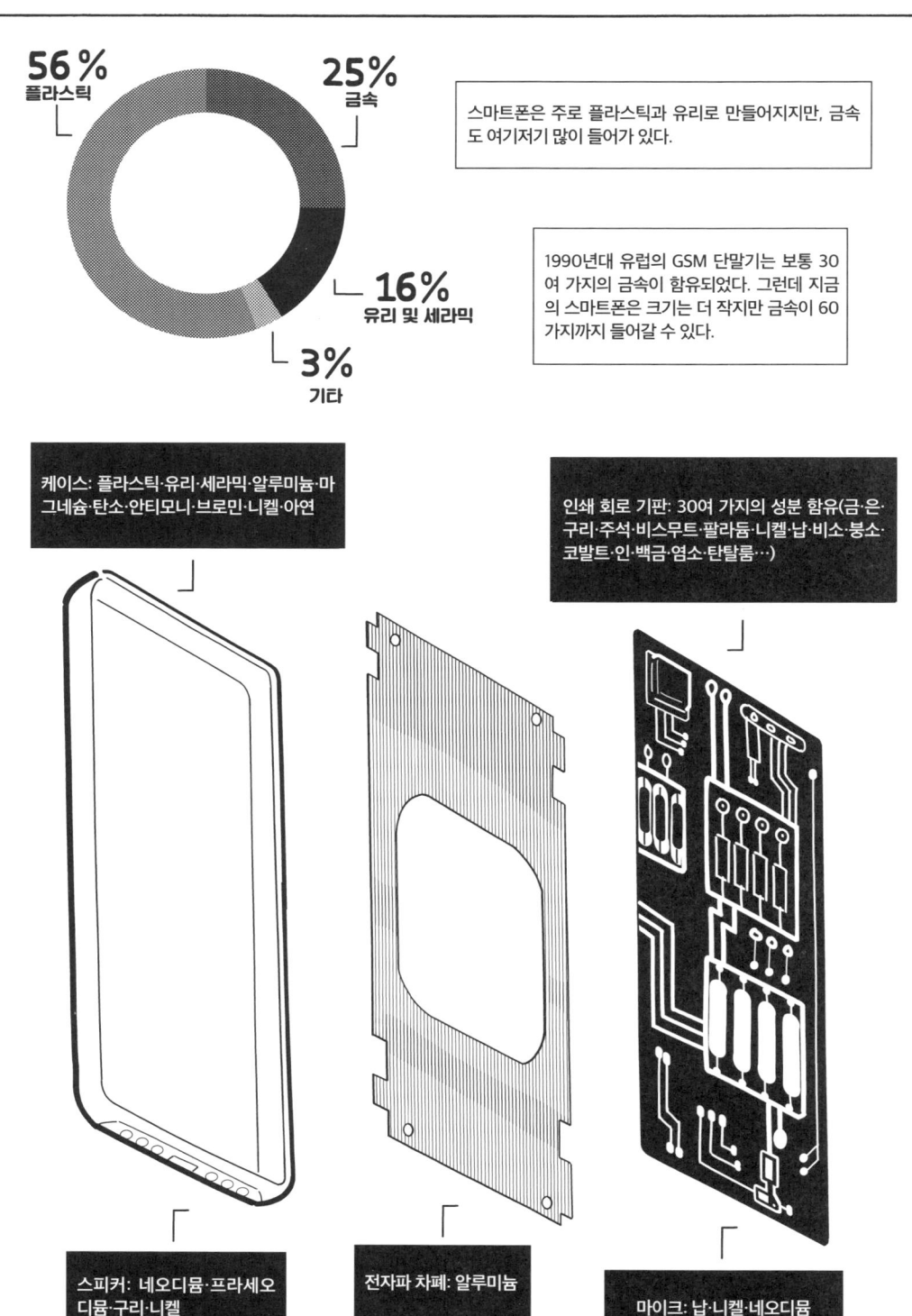

금·리튬·마그네슘·규소·브로민 등의 광물은

인쇄 회로 기판을 구성하고, 배터리를 만들며, 스마트폰의 진동 장치를 이루고, 화면을 터치할 수 있게 하는데

이들 광물 자원을 채굴하고 결합하려면 굉장히 복잡한 공학이 필요하며, 많은 에너지가 쓰인다.

이제 단말기 제조는 점점 더 많은 지구 자원을 흡입하는 거대한 광산·산업 인프라가 되었다.

전 세계 구리 생산량의 12.5%, 알루미늄 생산량의 7%,

터치스크린: 이산화규소와 금속(알루미늄·갈륨·인듐·디스프로슘·주석·붕소·터븀· 이트륨·수은·황…)의 복잡한 혼합물

팔라듐 생산량의 15%, 은 생산량의 23%,

탄탈룸 생산량의 40%, 갈륨 생산량의 70%, 터븀 생산량의 88%.

배터리: 카드뮴·리튬·코발트·금·탄소·불소·망가니즈·바나듐·인·알루미늄

알루미늄 광산과 구리 광산처럼 채굴 작업이 상대적으로 평범하게 이뤄지는 광산도 일부 존재한다. 하지만 다른 나머지 광산의 채굴과 개발 과정은 훨씬 더 복잡하다.

예컨대 금속 계열인 희토류는 전자 장치마다 극소량 함유되지만 스마트폰·태블릿PC·컴퓨터 제조에 있어 빼놓을 수 없다.

희토류는 아주 강력해 소량만으로 뛰어난 성능을 발휘한다는 장점이 있다.

또한 다방면으로 적용되어 유용하게 사용된다는 독보적인 특성을 가지고 있다.

가령 희토류 중 하나인 네오디뮴은 기존 자석의 원료인 페라이트를 대체했는데, 같은 양으로 10배 더 강력한 힘을 내기 때문이다. 스마트폰은 희토류 덕분에 크기가 작아질 수 있었다.

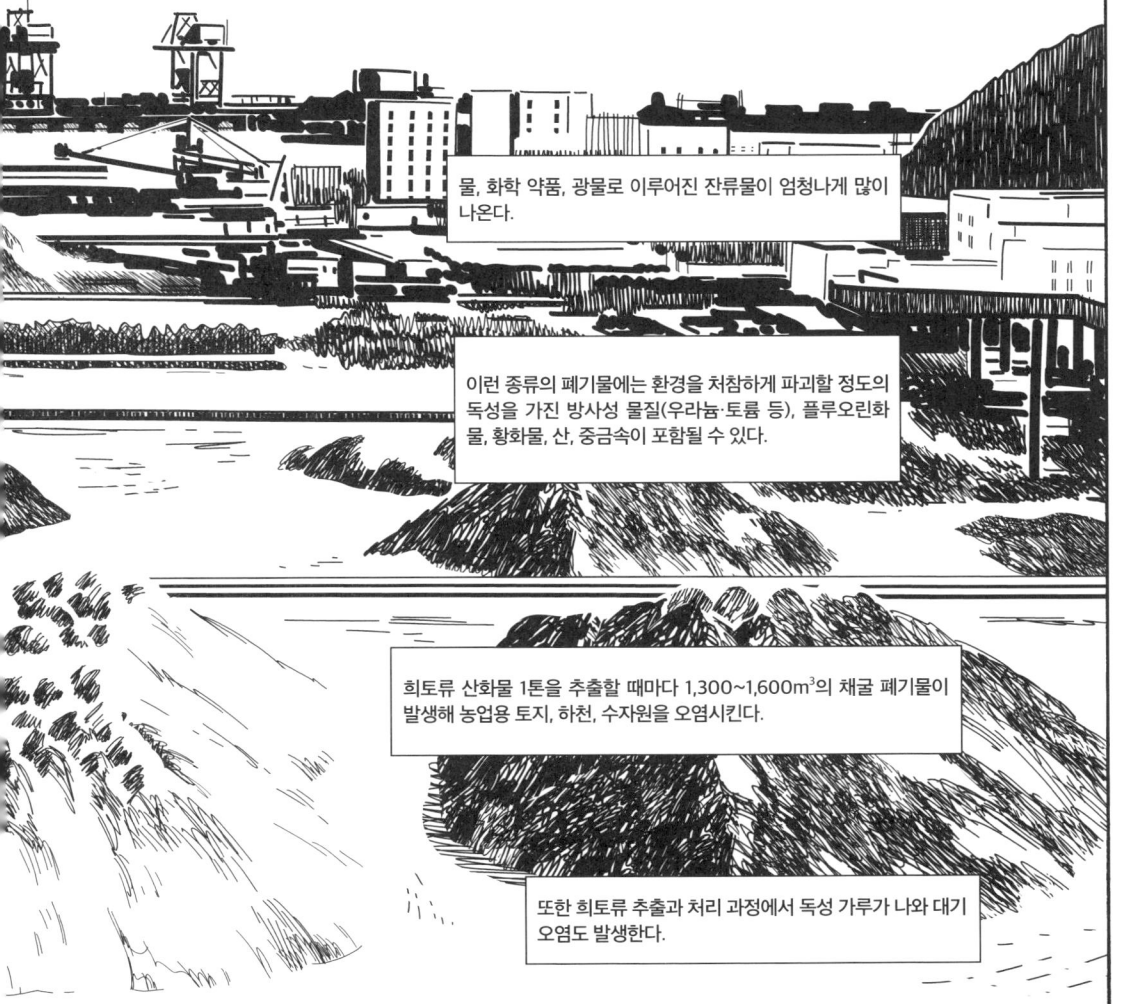

희토류는 상대적으로 풍부한 광물이다.

하지만 금속 형태로 존재하지 않는다. 특정 광물 구조에 들어 있기 때문에 희토류를 추출하는 과정을 거쳐야 한다.

아주 큰 흙덩어리에서 희토류 소량을 온전하게 추출한 다음 화학 공정을 통해 농축하는 방식으로 제련한다. 그런데 이 화학 공정에서 엄청난 물과 에너지를 사용해 환경을 오염시킨다.

물, 화학 약품, 광물로 이루어진 잔류물이 엄청나게 많이 나온다.

이런 종류의 폐기물에는 환경을 처참하게 파괴할 정도의 독성을 가진 방사성 물질(우라늄·토륨 등), 플루오린화물, 황화물, 산, 중금속이 포함될 수 있다.

희토류 산화물 1톤을 추출할 때마다 1,300~1,600m³의 채굴 폐기물이 발생해 농업용 토지, 하천, 수자원을 오염시킨다.

또한 희토류 추출과 처리 과정에서 독성 가루가 나와 대기 오염도 발생한다.

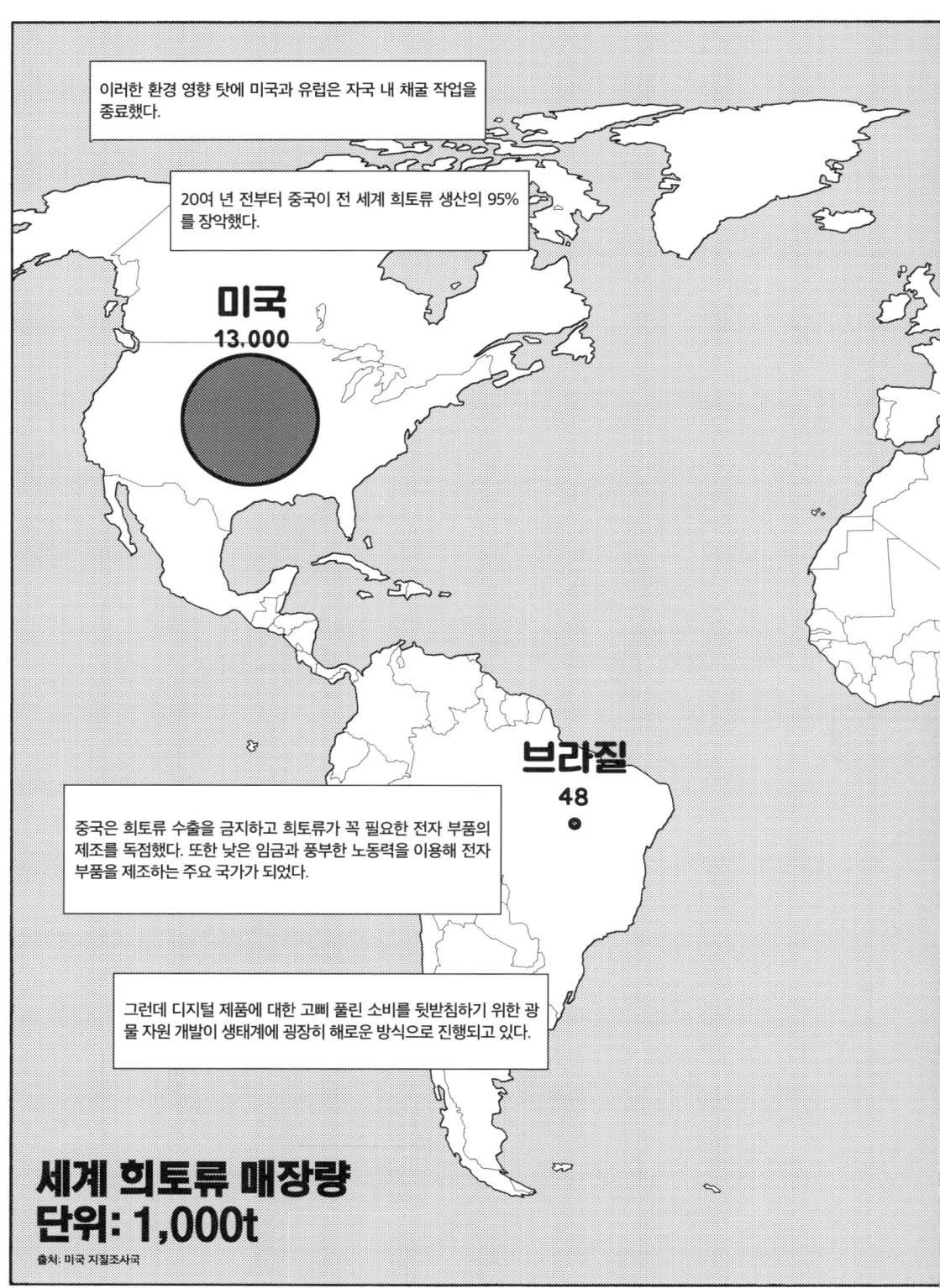

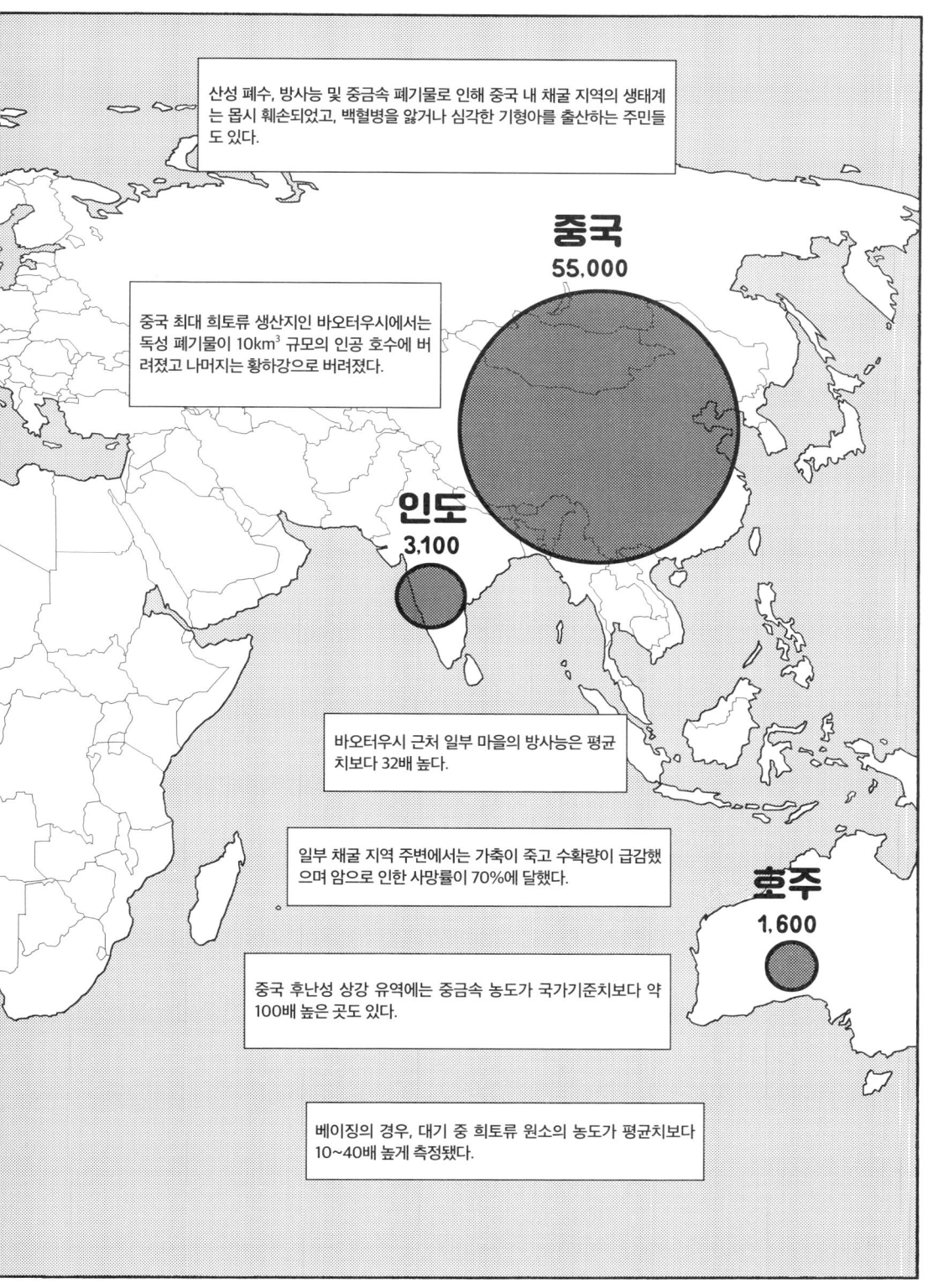

희토류 채굴 공정은 비용도 무척 비싸고 환경을 많이 오염시키는데, 재활용도 별반 다를 게 없다.

수은·납·카드뮴·크로뮴·바륨·베릴륨·인·탄탈룸…

이 모든 물질은 전자 장치에 극소량으로 들어 있는 데다가 제조 과정을 거치면서 서로 강력하게 얽힌 탓에 이를 분리해 재활용하고 재생 가능한 소재로 전환하기가 어렵다.

희토류를 다른 금속에서 분리하기 위해 적용하는 기술은 화학 약품과 에너지를 많이 쓰며 복잡하고 비용이 많이 든다.

그래서 이렇게 환경을 오염시키는 희귀 금속 재활용에 들어가는 비용은 금속의 가치를 능가한다.

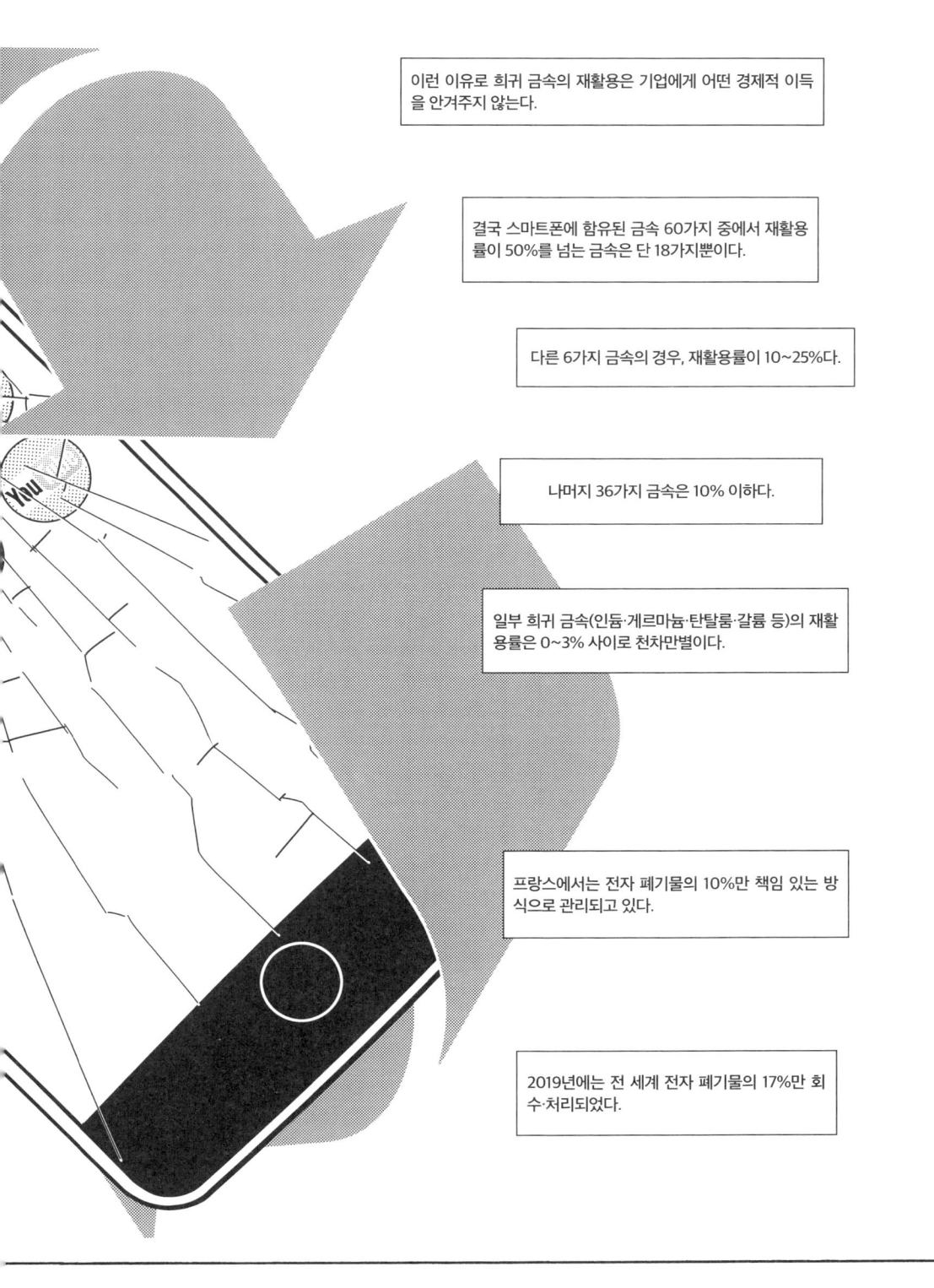

이런 이유로 희귀 금속의 재활용은 기업에게 어떤 경제적 이득을 안겨주지 않는다.

결국 스마트폰에 함유된 금속 60가지 중에서 재활용률이 50%를 넘는 금속은 단 18가지뿐이다.

다른 6가지 금속의 경우, 재활용률이 10~25%다.

나머지 36가지 금속은 10% 이하다.

일부 희귀 금속(인듐·게르마늄·탄탈룸·갈륨 등)의 재활용률은 0~3% 사이로 천차만별이다.

프랑스에서는 전자 폐기물의 10%만 책임 있는 방식으로 관리되고 있다.

2019년에는 전 세계 전자 폐기물의 17%만 회수·처리되었다.

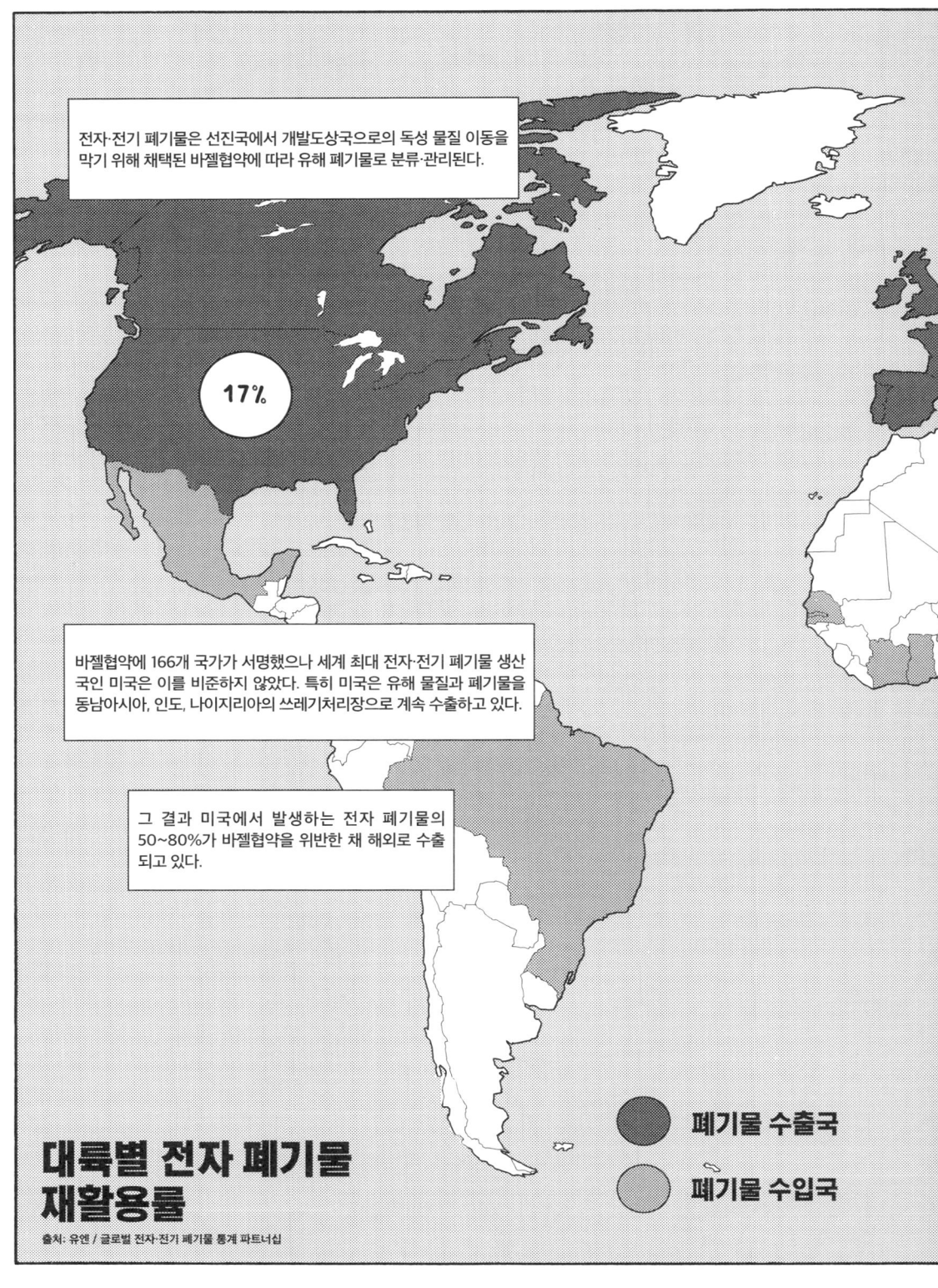

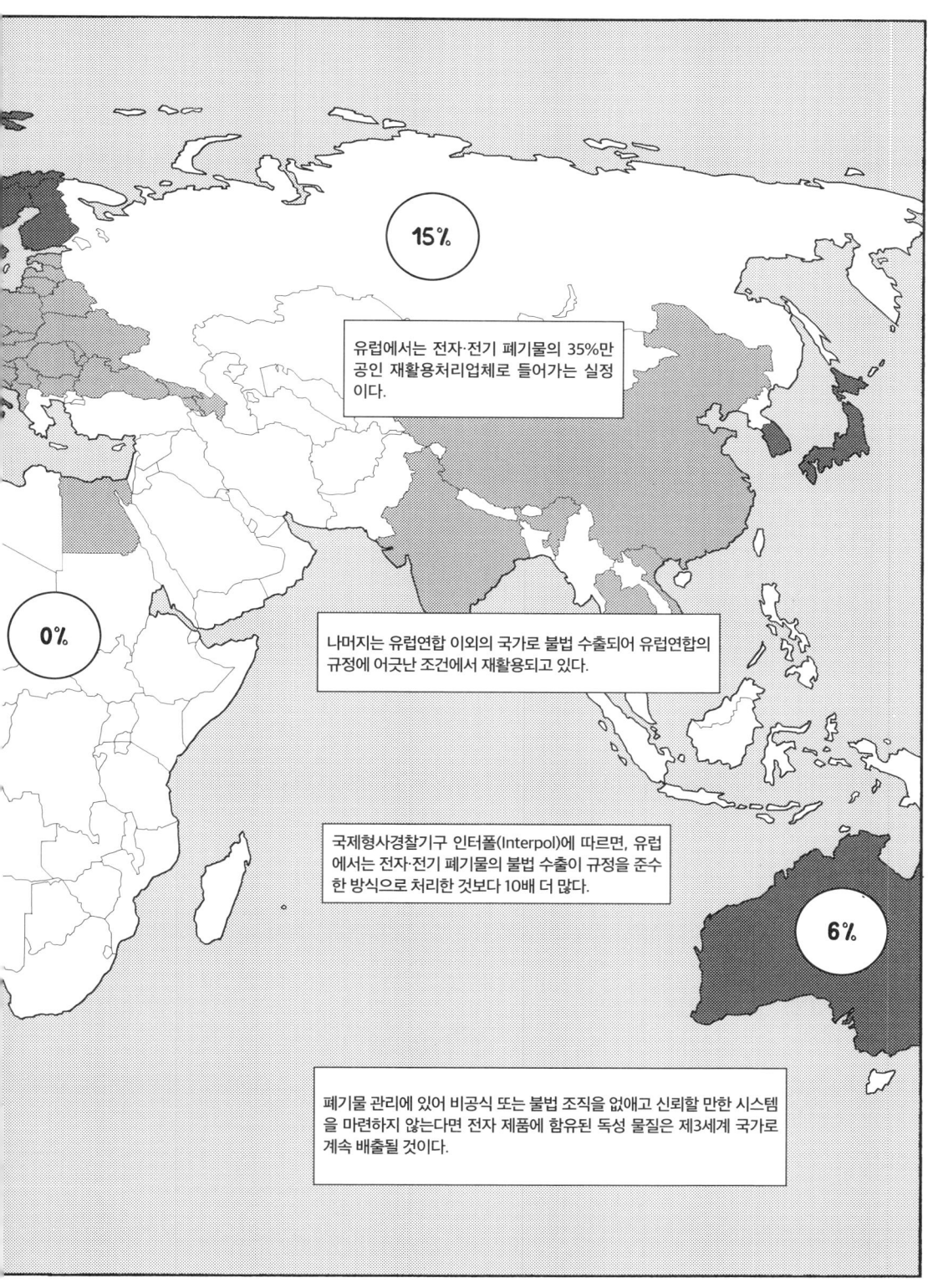

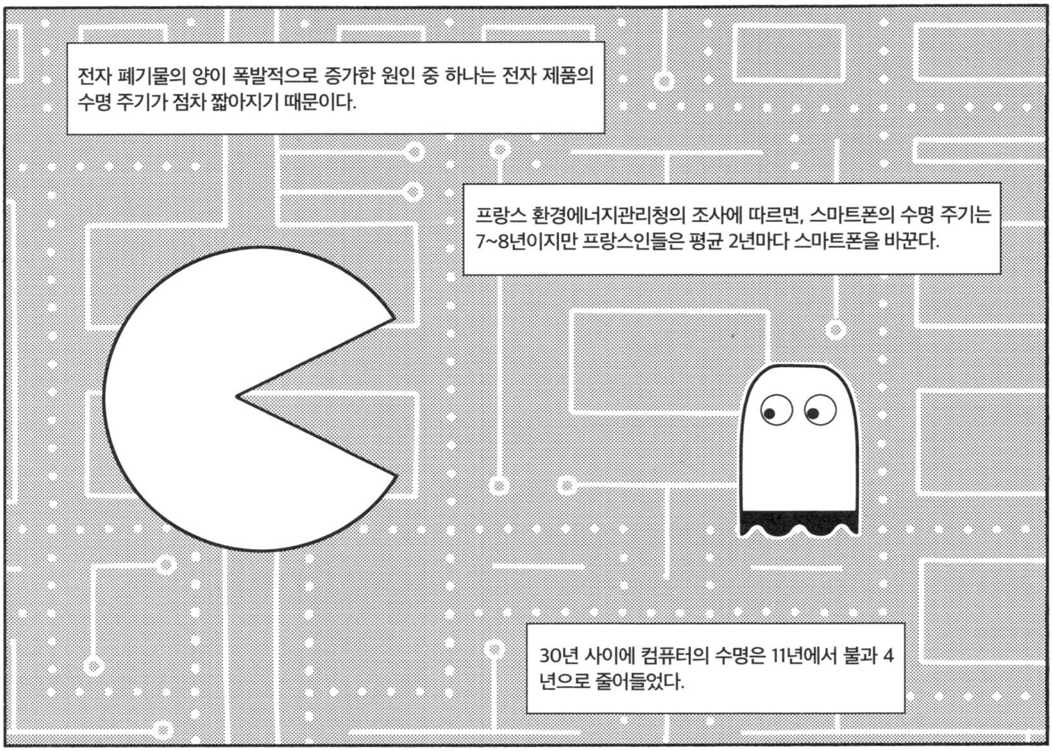

전자 폐기물의 양이 폭발적으로 증가한 원인 중 하나는 전자 제품의 수명 주기가 점차 짧아지기 때문이다.

프랑스 환경에너지관리청의 조사에 따르면, 스마트폰의 수명 주기는 7~8년이지만 프랑스인들은 평균 2년마다 스마트폰을 바꾼다.

30년 사이에 컴퓨터의 수명은 11년에서 불과 4년으로 줄어들었다.

유행의 영향, 불가능한 수리, 시스템 업데이트 등 디지털 세상에서 계획적 진부화 전략은 다양하다.

그 결과 프랑스 국민의 90%는 구형 스마트폰이 잘 작동되더라도 신형으로 바꾼다.

여전히 상태가 양호한 수많은 전자 제품이 제3세계 국가의 쓰레기처리장에 쌓이고 있다.

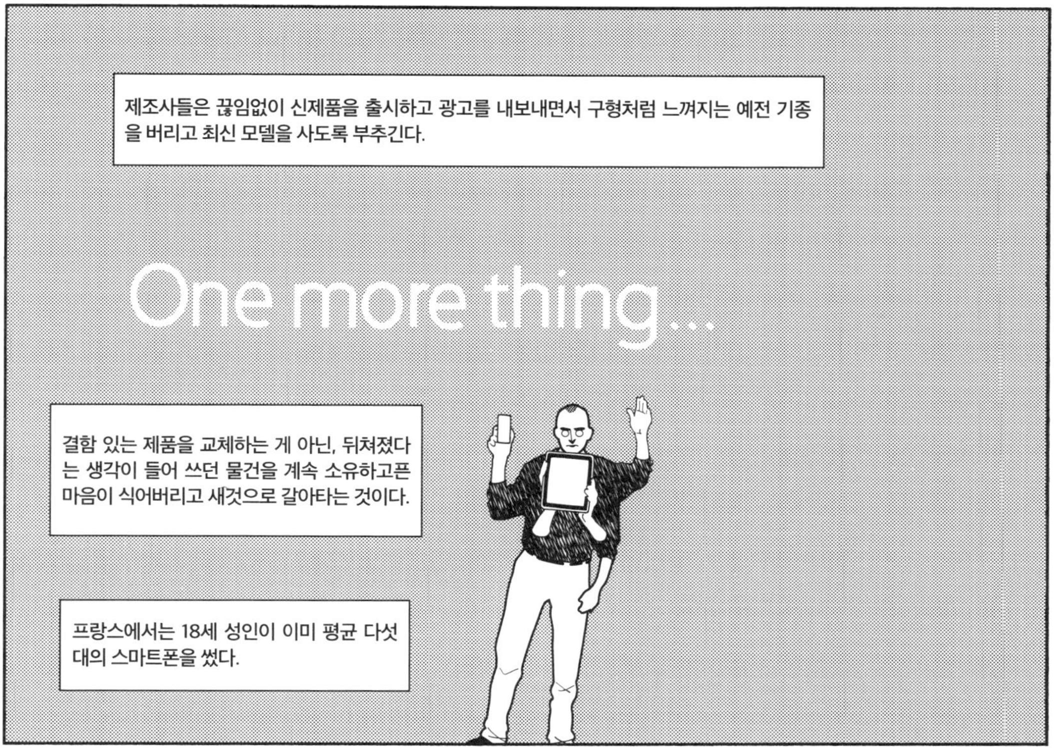

제조사들은 끊임없이 신제품을 출시하고 광고를 내보내면서 구형처럼 느껴지는 예전 기종을 버리고 최신 모델을 사도록 부추긴다.

One more thing...

결함 있는 제품을 교체하는 게 아닌, 뒤쳐졌다는 생각이 들어 쓰던 물건을 계속 소유하고픈 마음이 식어버리고 새것으로 갈아타는 것이다.

프랑스에서는 18세 성인이 이미 평균 다섯 대의 스마트폰을 썼다.

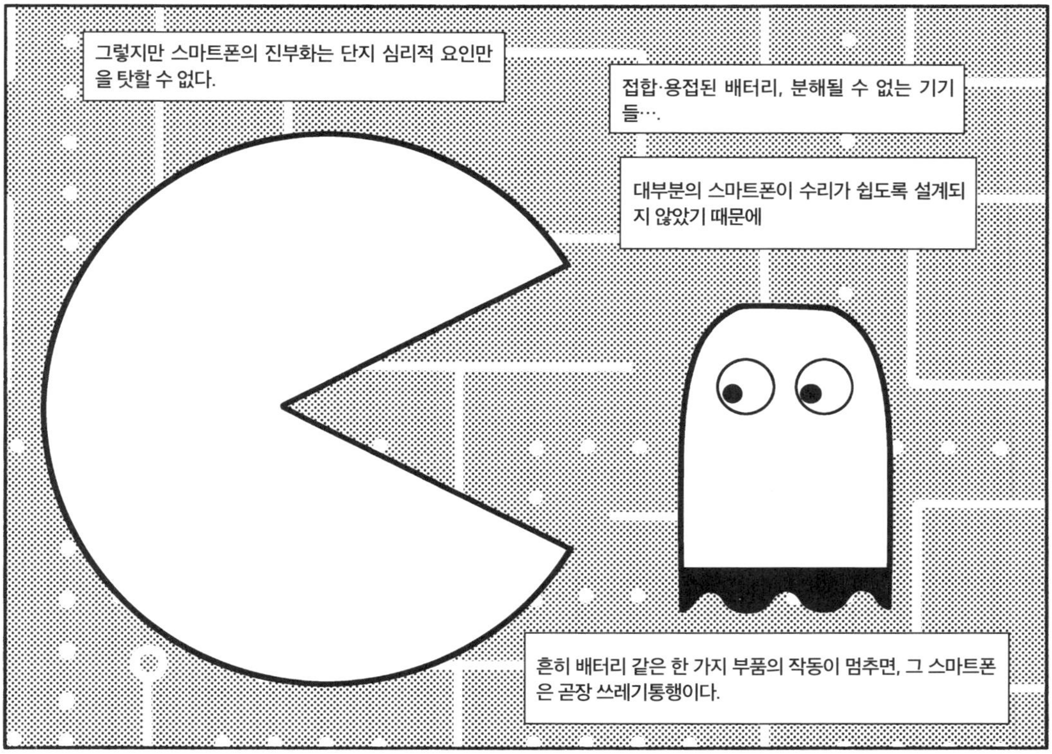

그렇지만 스마트폰의 진부화는 단지 심리적 요인만을 탓할 수 없다.

접합·용접된 배터리, 분해될 수 없는 기기들….

대부분의 스마트폰이 수리가 쉽도록 설계되지 않았기 때문에

흔히 배터리 같은 한 가지 부품의 작동이 멈추면, 그 스마트폰은 곧장 쓰레기통행이다.

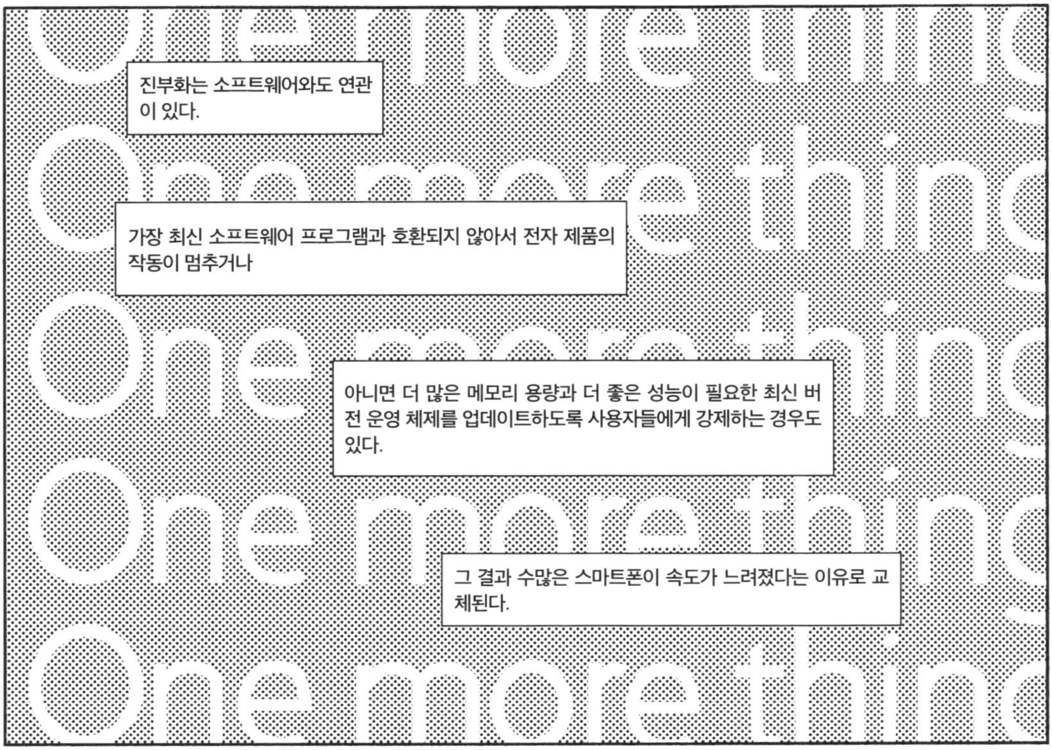

진부화는 소프트웨어와도 연관이 있다.

가장 최신 소프트웨어 프로그램과 호환되지 않아서 전자 제품의 작동이 멈추거나

아니면 더 많은 메모리 용량과 더 좋은 성능이 필요한 최신 버전 운영 체제를 업데이트하도록 사용자들에게 강제하는 경우도 있다.

그 결과 수많은 스마트폰이 속도가 느려졌다는 이유로 교체된다.

비싼 수리비 역시 소비자가 새로운 제품을 구매하도록 유도한다.

구형 모델에서는 운영 체제 업데이트가 불가능하다.

신제품으로 출시되는 새로운 세대마다 부품들이 바뀌며

액세서리의 호환이 불가능하고

소비자가 직접 배터리를 교체할 수도 없는 데다가

몇몇 기업은 제품의 수명을 통제하기 위해 주기적으로 새롭게 제품을 바꾼다.

iPhone 7

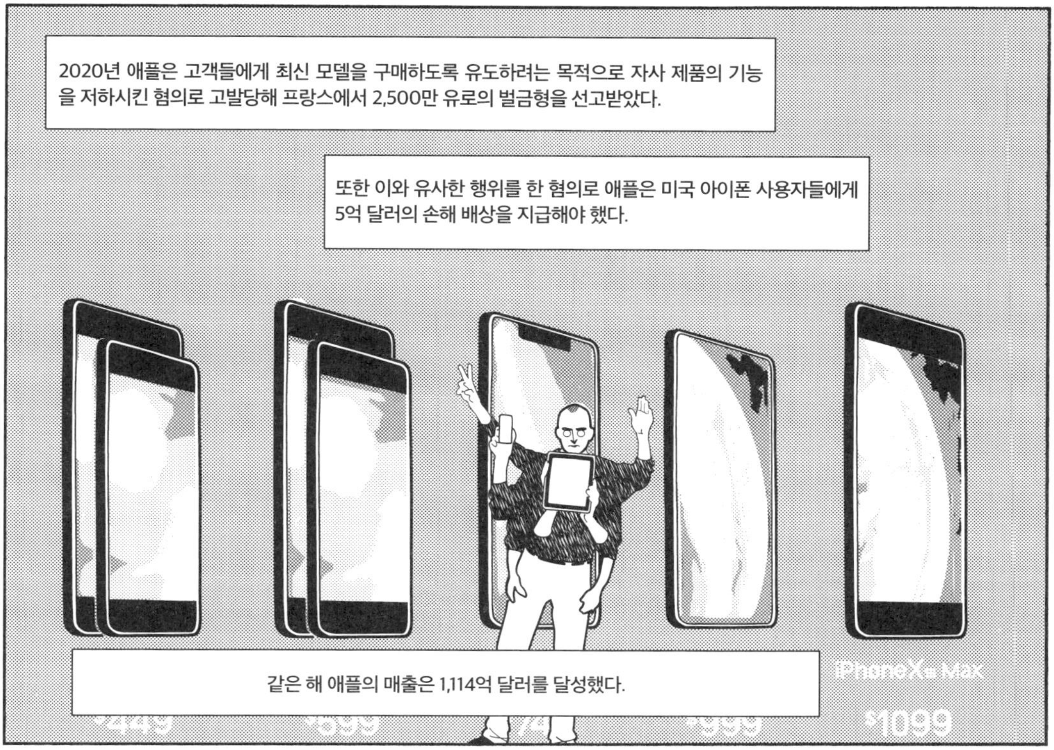

2020년 애플은 고객들에게 최신 모델을 구매하도록 유도하려는 목적으로 자사 제품의 기능을 저하시킨 혐의로 고발당해 프랑스에서 2,500만 유로의 벌금형을 선고받았다.

또한 이와 유사한 행위를 한 혐의로 애플은 미국 아이폰 사용자들에게 5억 달러의 손해 배상을 지급해야 했다.

같은 해 애플의 매출은 1,114억 달러를 달성했다.

대체적으로 IT 인프라는 모두 비만증을 겪고 있다.

1995에서 2015년 사이 웹페이지당 무게가 115배 증가했다.

원고 하나를 작성하는 데 필요한 용량이 2~3년마다 2배씩 증가한다.

애플리케이션과 프로그램은 점점 더 복잡해지고, 소프트웨어는 더 무거워지며, 운영 체제는 더 많은 램과 디스크 공간을 차지한다.

개인, 기업, 데이터 센터에서 여전히 잘 사용되고 있음에도 불구하고 새로운 프로그램과 호환이 불가하다는 이유로 '폐기 및 교체'되어야 하는 IT 장치가 매년 수백만 대에 이른다.

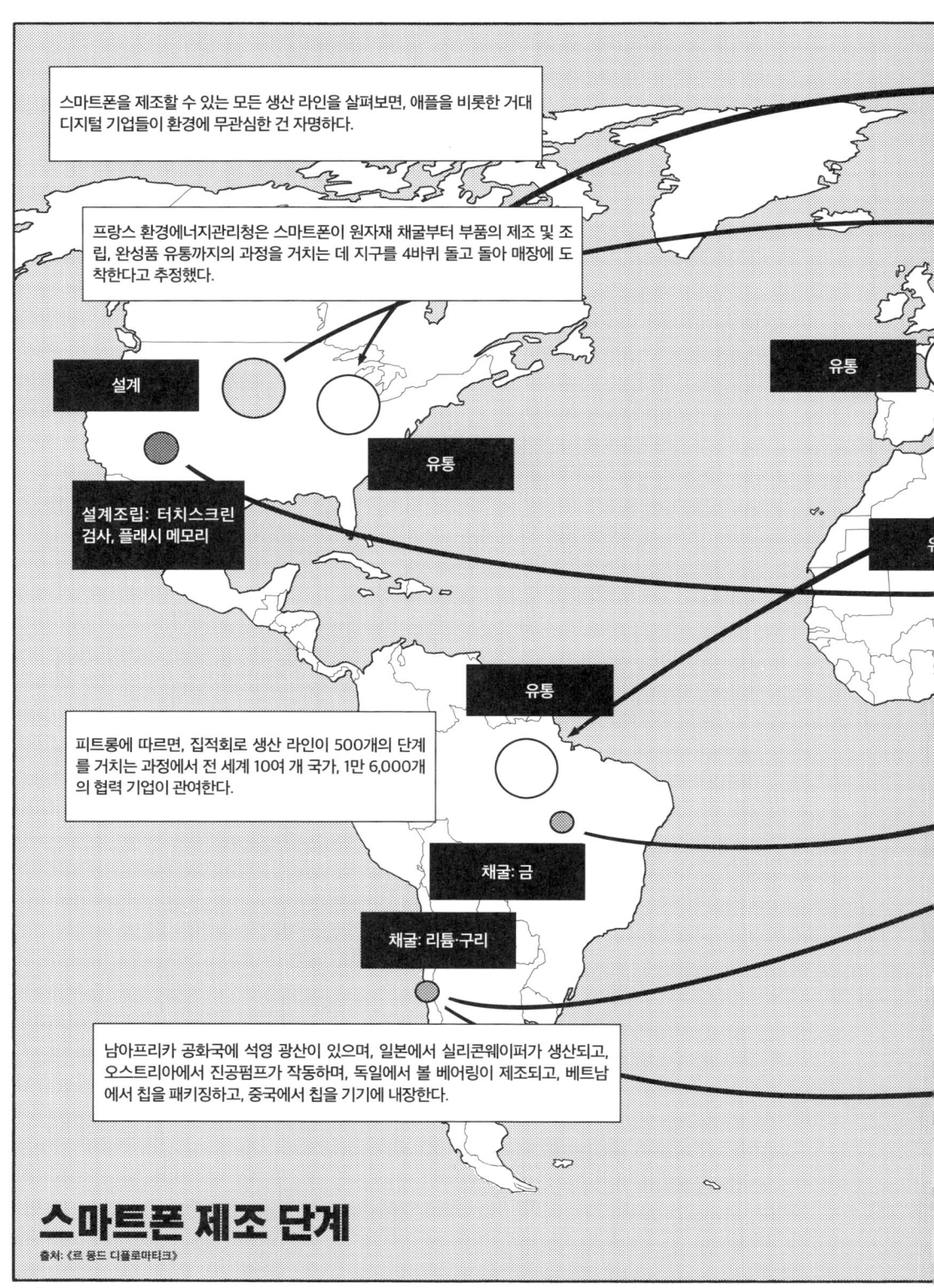

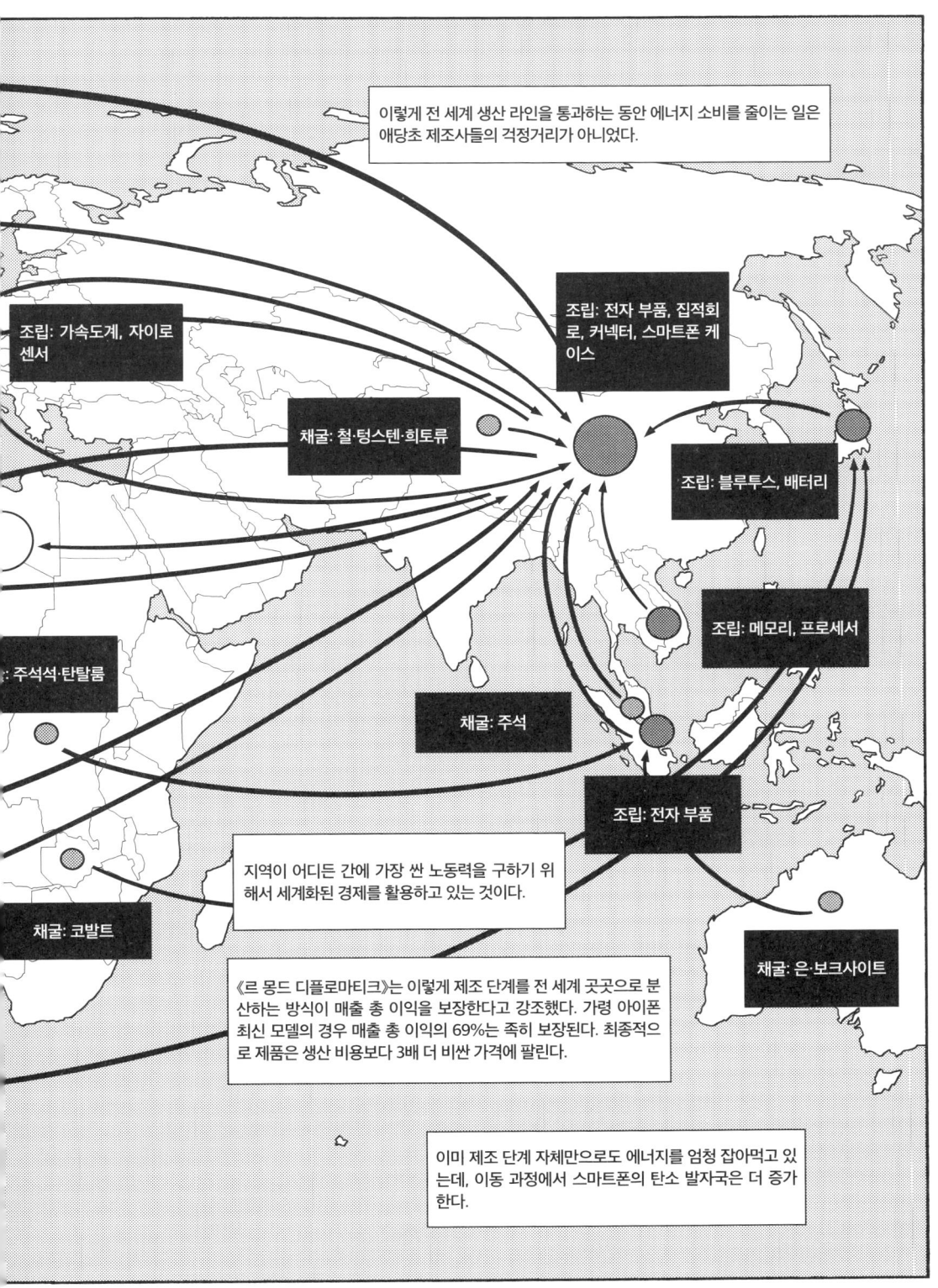

3장 무선 세상의 폭주 189

디지털 기기의 모든 영향을 목록으로 작성하는 일은 무척 어렵다.

전자 제품에는 500~1,000가지의 여러 물질이 함유된 것으로 보인다. 조립 라인, 지급망, 유통망을 정확하게 측정하기도 복잡하다.

게다가 관련 정보는 기밀사항이기 일쑤다.

서비스 단위당 물질 투입량(Material Input Per Service Unit, MIPS)은 제품의 제조, 사용, 재활용까지의 과정에서 투입되고 이동한 자원의 총량을 평가하는 데 사용되는 산출 방식이다.

평균적으로 우리가 소비하는 제품의 MIPS는 완성품의 무게보다 30배가량 더 나간다.

티셔츠 한 장에는 226kg의 자원이 들어간다. 오렌지주스 1L에 100kg의 물질이 들어간다. TV 1시간 시청에 2kg의 자원이 필요하며, 전화 통화 1분에 200g의 자원이 쓰인다.

그런데 이 무게는 전자 공학의 발전과 함께 아주 빠르게 올라간다.

전자 칩은 그 자체만으로 가장 복잡한 부품 중 하나다. 전자 칩을 생산하려면 60여 가지의 원자재(규소·붕소·비소·텅스텐·구리…)가 필요하다.

그러니까 전자 칩은 2g의 집적회로 하나에 32kg의 원자재가 필요한 것으로 추정된다.

2kg의 컴퓨터 한 대에는 22kg의 화학 물질, 240kg의 연료와 1.5t의 물이 사용된다.

그리고 스마트폰 한 대의 MIPS를 보면, 150g의 완성품을 만드는 데 183kg의 원자재가 사용된다.

여기에 수십억 대의 서버, 안테나, 라우터, 와이파이 핫스팟을 추가함에 따라 배로 증가하는 무게를 보면, 탈물질화된 기술들이 세계에서 가장 탐욕스럽게 원자재를 집어삼키는 산업을 이루고 있는 현실이 잘 와닿는다.

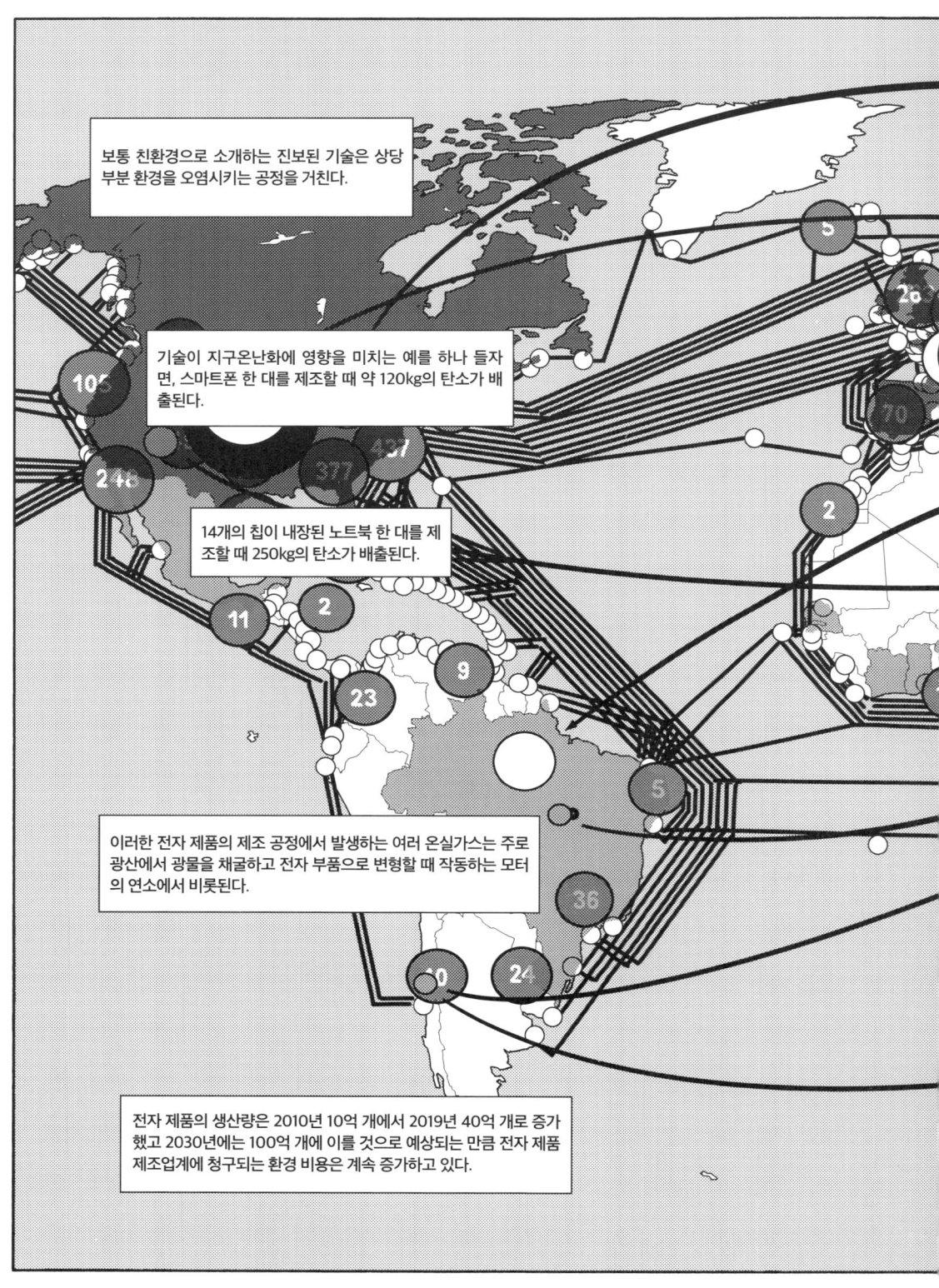

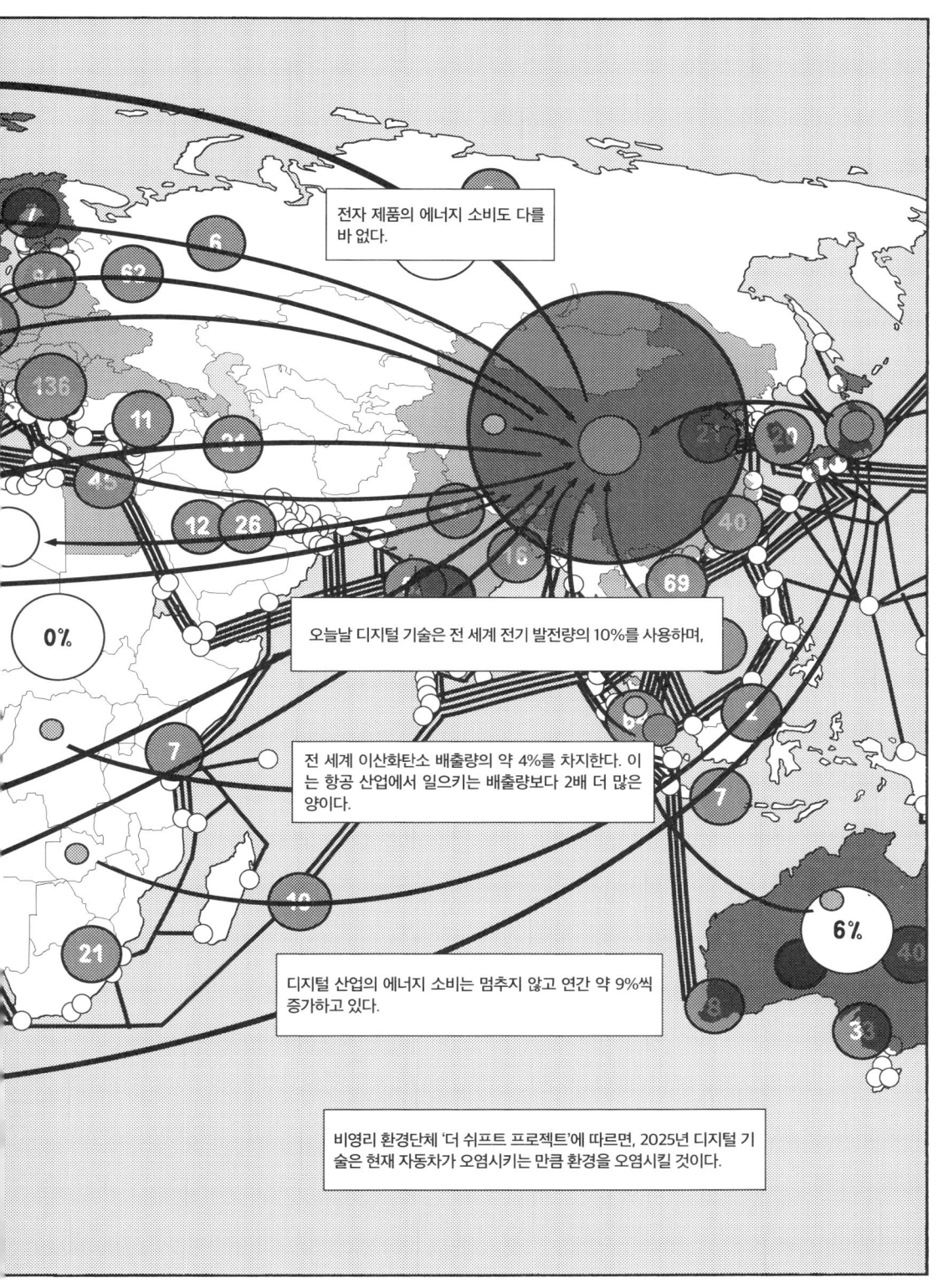

광물 자원 전문가 필리프 비우익스(Phillipe bihouix)는 현재 상황을 이렇게 요약했다.

프랑스에서 내가 스마트폰 한 대를 샀을 때, 나는 콩고에서 광물을 개발했고

파푸아뉴기니의 원시림을 파괴했으며

중국의 지하수층을 오염시켰다.

그리고 12~18개월 후, 나는 내 전자 폐기물을 가나 또는 다른 지역으로 버리러 갈 것이다.

원자재 채굴부터 기기의 수명이 다할 때까지 디지털의 생태 발자국은 거대하다.

재생 불가능한 자원들의 고갈

생물권에 버려지는 유독성 폐기물

온실가스 배출 증가

결국 휴대폰·태블릿PC·컴퓨터 뒤에 숨겨진 천문학적인 비용은 빙산에서 물속에 잠긴 부분이다. 거의 계산되지 않는 데다가 대개 간과되는 비용이다.

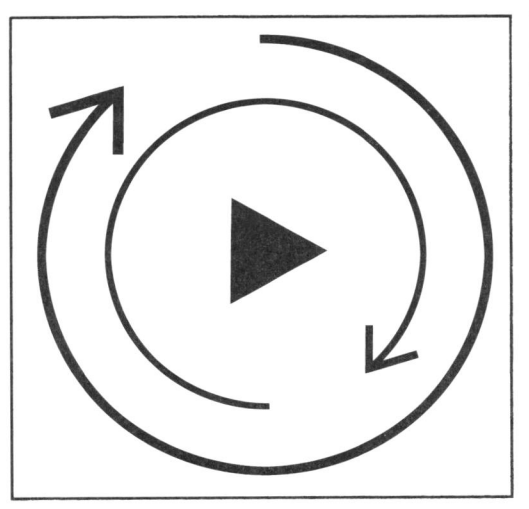

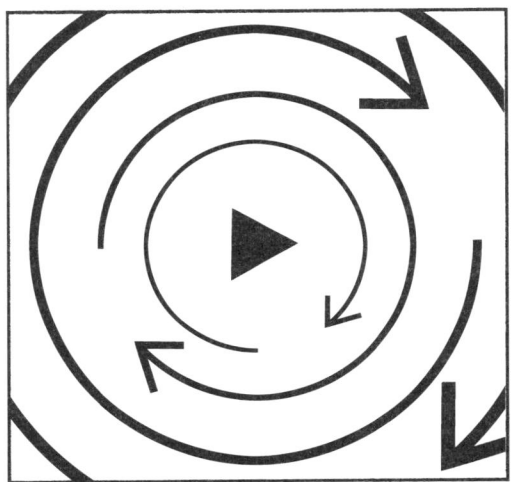

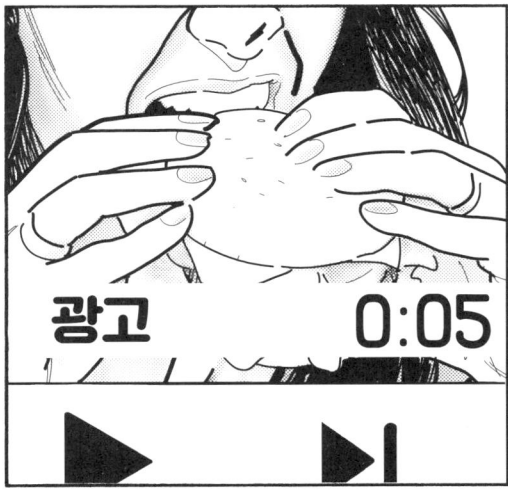
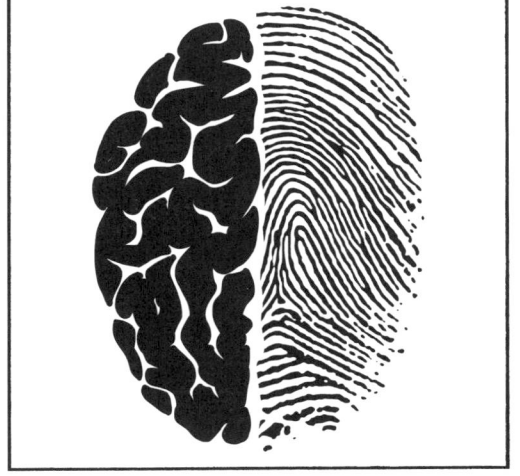

3장 무선 세상의 폭주　201

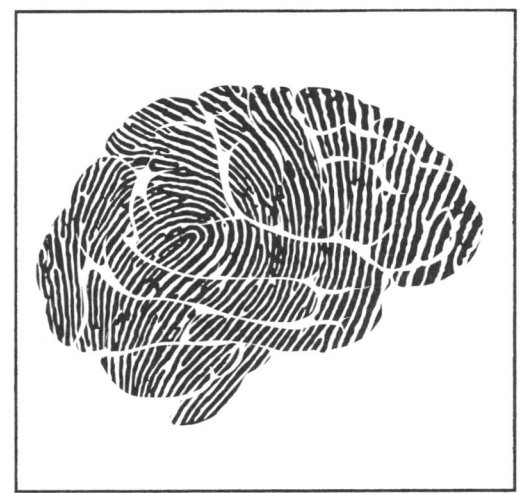
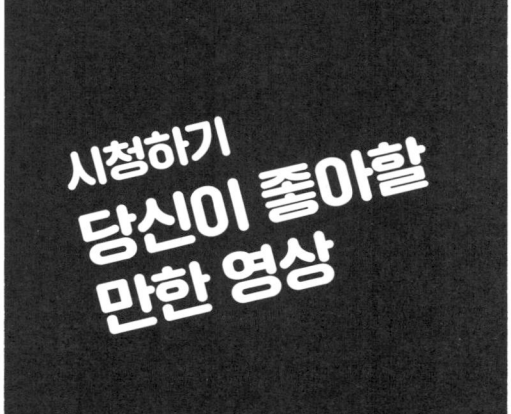
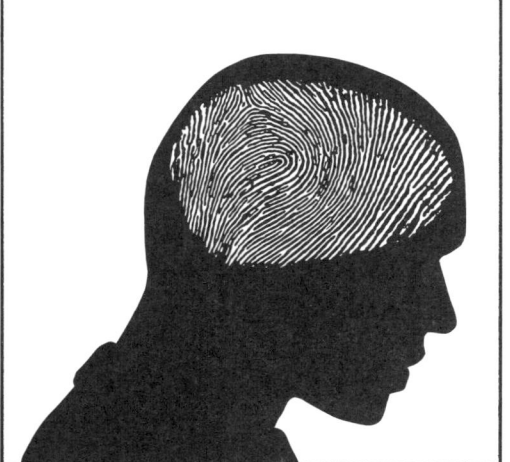

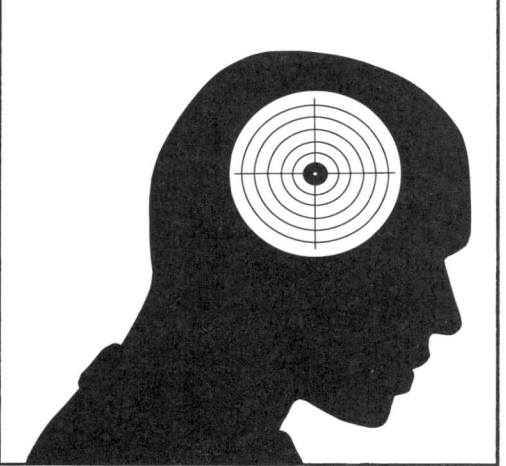

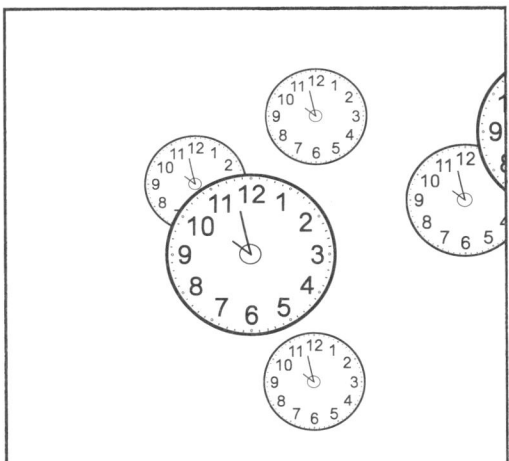

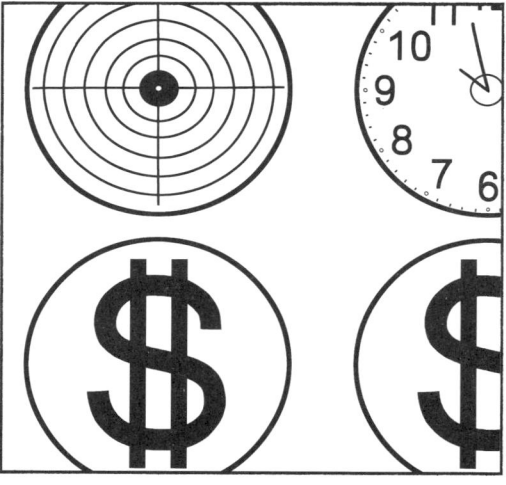

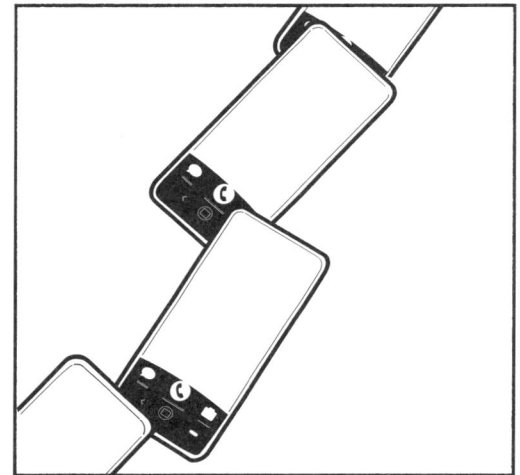
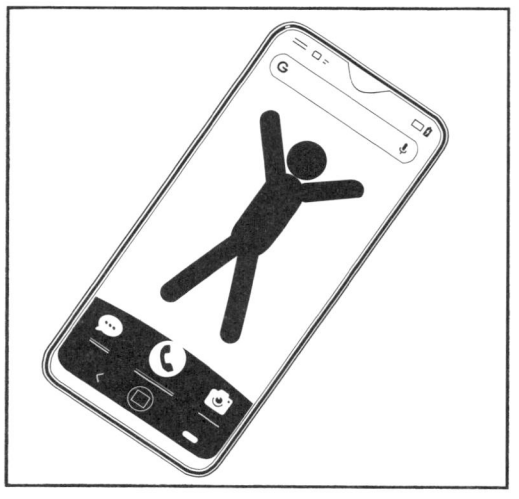

자동 재생

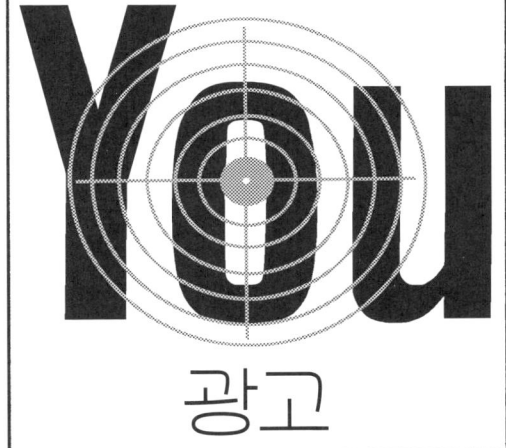

광고

상품이
무료라면

You

당신은 상품이다

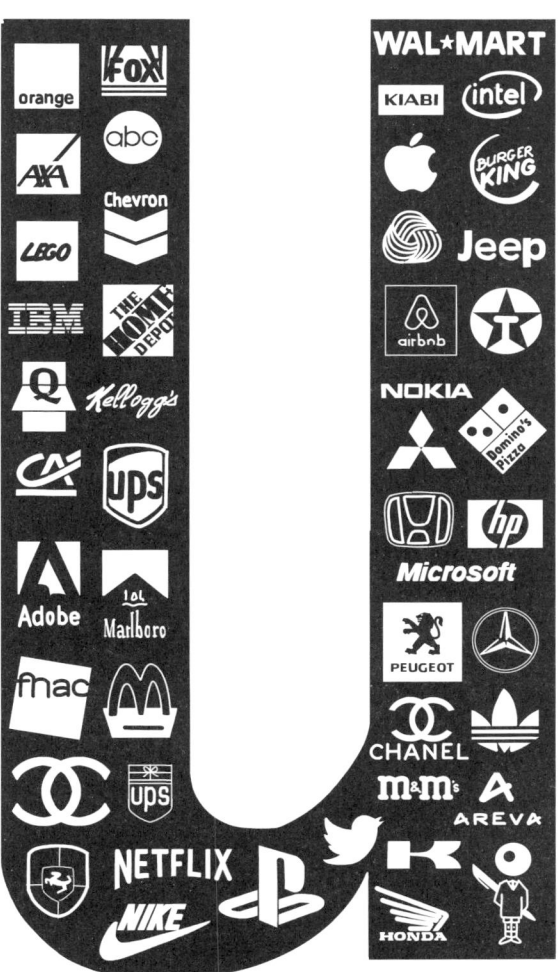

4 디지털 재앙과 신기술의 미래

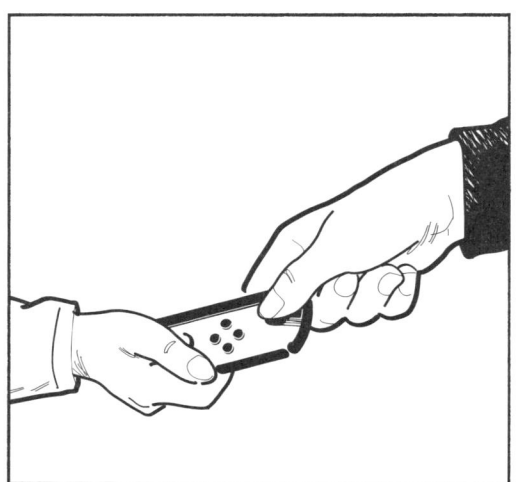

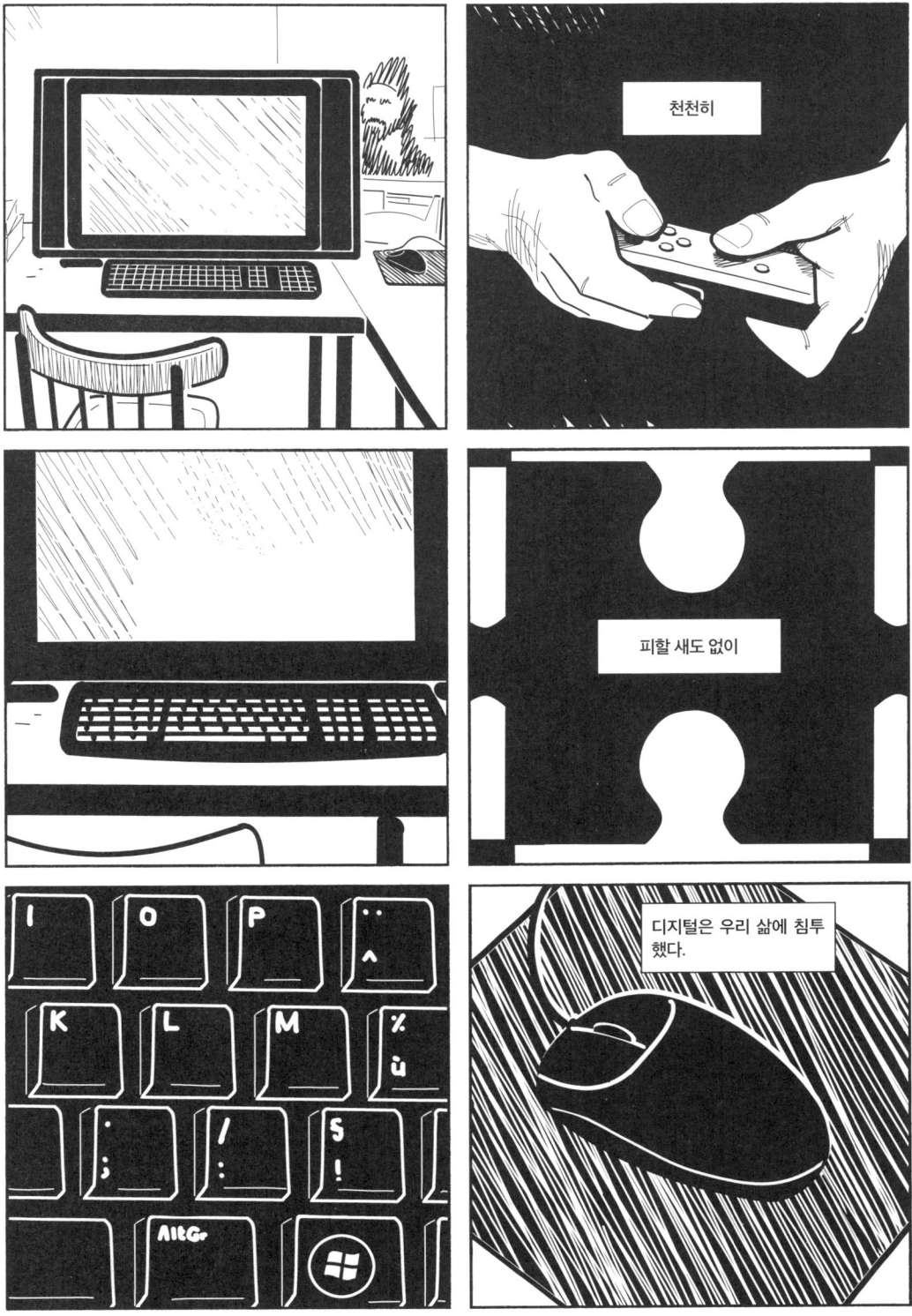

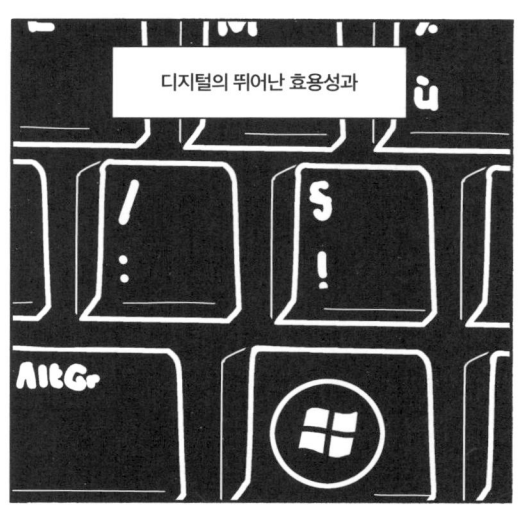

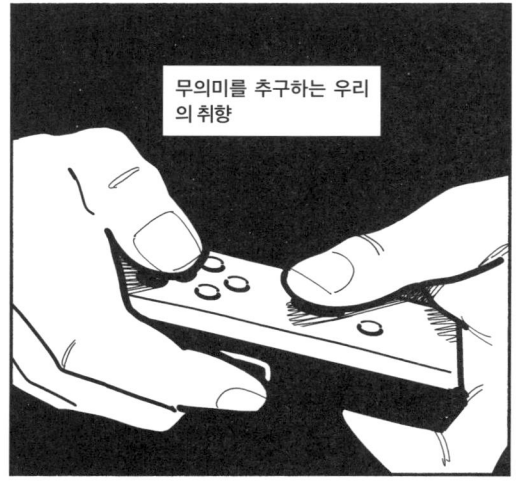

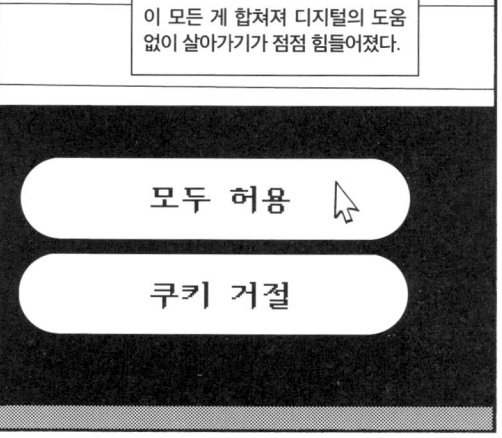

이제 사실상 하나의 세계이며, 우리의 행동 하나하나가 새로운 조각으로 더해져 커지고 있다.

이 세계에서 우리의 발자국은 점점 더 많은 흔적을 남긴다.

이 세계는 비약적인 속도로 자리를 잡았고,

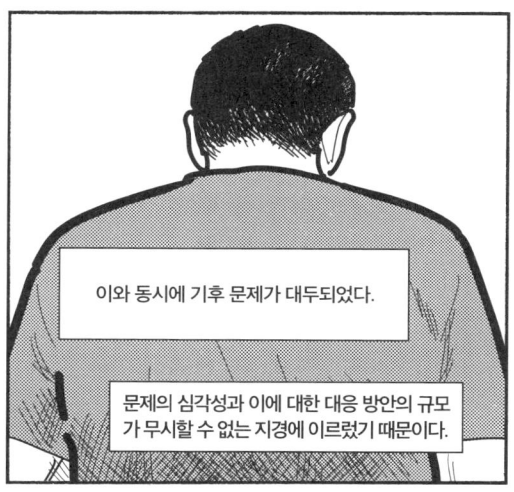

이와 동시에 기후 문제가 대두되었다.

문제의 심각성과 이에 대한 대응 방안의 규모가 무시할 수 없는 지경에 이르렀기 때문이다.

과연 디지털 전환과 에너지 전환이 서로 잘 연결되어 조화를 이루고, 어쩌면 같은 방향을 향해 함께 갈 수 있을까?

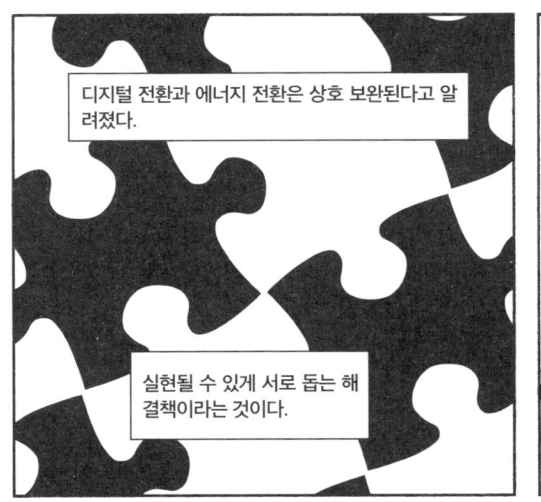

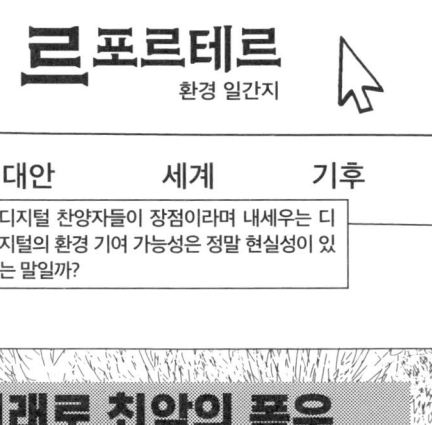

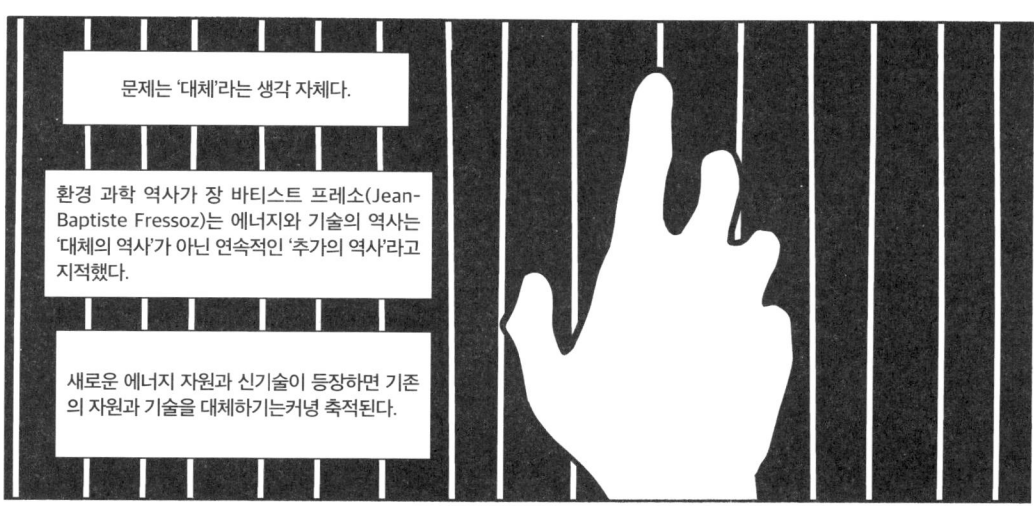

문제는 '대체'라는 생각 자체다.

환경 과학 역사가 장 바티스트 프레소(Jean-Baptiste Fressoz)는 에너지와 기술의 역사는 '대체의 역사'가 아닌 연속적인 '추가의 역사'라고 지적했다.

새로운 에너지 자원과 신기술이 등장하면 기존의 자원과 기술을 대체하기는커녕 축적된다.

현재 선진국조차 18세기보다 더 많은 목재를 소비하고 있다.

20세기에 석탄 사용이 석유에 비해 감소했다고 하지만 전 세계 석탄 소비의 증가세는 단 한 번도 멈춘 적이 없었다.

이와 비슷한 일은 디지털 산업에서 빈번하다.

신기술이 환경을 오염시키는 기존의 사용 방식들을 대체하기는커녕 새로운 오염원으로 추가되고 있다.

4장 디지털 재앙과 신기술의 미래

브라질, 100년 이래 최악의 폭우로 100여 명 사망자 발생

세계의 '탈물질화'에는 한 가지 약속이 수반됐다.

환경을 향한 희망을 품은 IT 시대는 종이의 종말, 이동의 종말을 의미했다.

하지만 현실은 정말 달랐다. 우리는 여태껏 이렇게 종이를 많이 쓴 적이 거의 없었다.

또 업무상 이유로 이렇게 많은 이동을 한 적이 없었다.

정보시스템학 박사 플로랑스 로당(Florence Rodhain)은 '제로 페이퍼'는 현실과 전혀 맞지 않는 신화일 뿐이라고 설명한다.

플로랑스 로당
디지털이라는 새로운 종교

프랑스에서는 신기술이 비약적으로 발전했음에도 1950년 이래로 종이와 상자 사용량이 10배 증가했다.

대체의 효과가 아닌 상호 보완의 효과가 작용했기 때문이다.

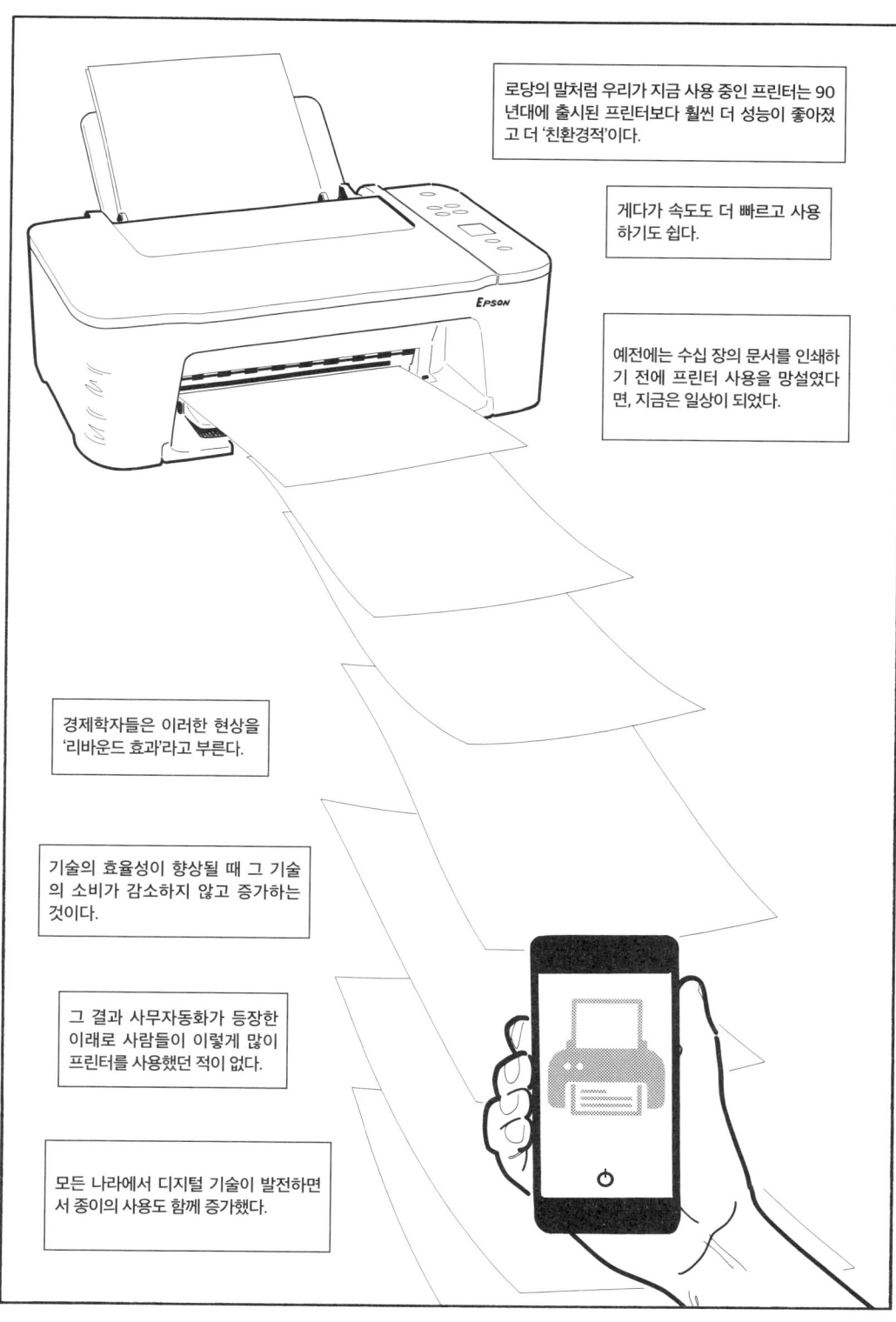

이러한 현상은 교통에서도 일어나고 있다.

디지털은 종종 출퇴근할 때 발생하는 온실가스 배출을 줄이는 대책으로 소개되곤 하는데, 실제로 디지털 덕분에 우리는 원격으로 일하고 의견을 주고받을 수 있다.

그런데 여기서도 전기통신이 발달하는 속도에 맞춰 이동도 증가한다는 사실이 확인되었다.

그 이유는 단순하다. 사람들 사이의 의사소통이 더 많은 활동과 이동을 일으키기 때문이다.

게다가 원격 근무가 해로운 영향을 일으키는 경우도 일부 있다. 직장인들이 더 먼 지역에 살기 위해서 원격 근무를 활용하기 때문이다. 이런 경우, 일주일에 이틀만 출퇴근하지만 이동 거리는 더 멀다.

휘발유 경비가 절약된 만큼 친구나 가족을 보러 더 자주 자동차를 타기도 한다.

비행기와 자동차로 움직이는 거리는 휴대폰 통화나 문자 전송 건수처럼 줄곧 늘어나고 있다.

수많은 분야에서 디지털화로 에너지 성능이 개선되었지만, 새롭게 소비되는 에너지를 보면 실제로 절약은 없었다.

특히 '커넥티드홈(connected home)'이 그러하다.

조명·온도 조절 장치, 냉장고… 이 모든 것을 와이파이에 연결된 디지털 인터페이스로 쉽게 조종할 수 있다.

전자 제품의 온·오프를 제어하고, 난방기를 끄고, 먼 거리에서 덧창문을 닫을 수 있다.

발표된 자료를 보면, 3차 산업의 건물에서 30%까지 에너지가 절약되었을 것이다.

하지만 에너지 문제 전문가 에릭 비달랑(Éric Vidalenc)은 디지털이 실제로 에너지 시스템을 최적화하는가에 의문을 가지고 있다.

그는 스마트홈, 통신 네트워크, 커넥티드 기기 등의 사용으로 인한 에너지 절약은 미미할 것이라고 설명한다.

국제에너지기구(IEA)에 따르면 10~15% 정도 절약된다.

에릭 비달랑

디지털 생태를 위하여

4장 디지털 재앙과 신기술의 미래　231

가령 고양이에게 원격으로 사료를 준다고 생각해보자. 이때 필요한 해저 케이블, 디지털 센터, 단말기 또는 게이트웨이의 양, 디지털 장치의 증가를 감안하면 약속된 에너지 절약은 크게 줄어든다.

충전만 하면 되는 수십억 대의 태블릿PC와 스마트폰은 제3세계 지역의 쓰레기장에서 생을 마감하게 될 것이다.

그러나 '탈물질화' 중개자들은 이 모든 것에 대해 아무런 말이 없다. 가전제품 보급률은 이미 포화인 상황에서 그들은 스마트폰으로 탈수 코스를 실행시킬 수 있는 신형 스마트 세탁기의 구매를 부추긴다.

스마트 온도 조절 장치, 스마트 시계, 스마트 체중계, 스마트 칫솔, 스마트 양말….

2020년 전 세계 출시된 커넥티드 기기는 약 300억 개로 추산됐다.

'더 쉬프트 프로젝트'의 조사에 따르면, 인터넷 트래픽의 20%는 이미 물리적 센서와 사물 인터넷에서 비롯된 것이다.

세계 전력 소비의 10~13%

세계 온실가스 배출량의 약 3~4%를 차지한다.

국제에너지기구는 2025년이면 커넥티드 기기가 500억 개에 달할 것으로 전망한다.

디지털 시대의 선구자들은 자율주행 자동차의 개발에도 열을 올리고 있다.

사람보다 더 매끄럽게 운전하는 자율주행 자동차는 더 가벼워지고, 에너지도 더 절약할 것이다.

하지만 프랑스 환경 재단 '라 파브리크 에콜로지크'의 조사를 보면, 자율주행 자동차 개발은 환경 전환에 기여하기는커녕 오히려 자동차가 환경에 미치는 영향을 증가시킨다.

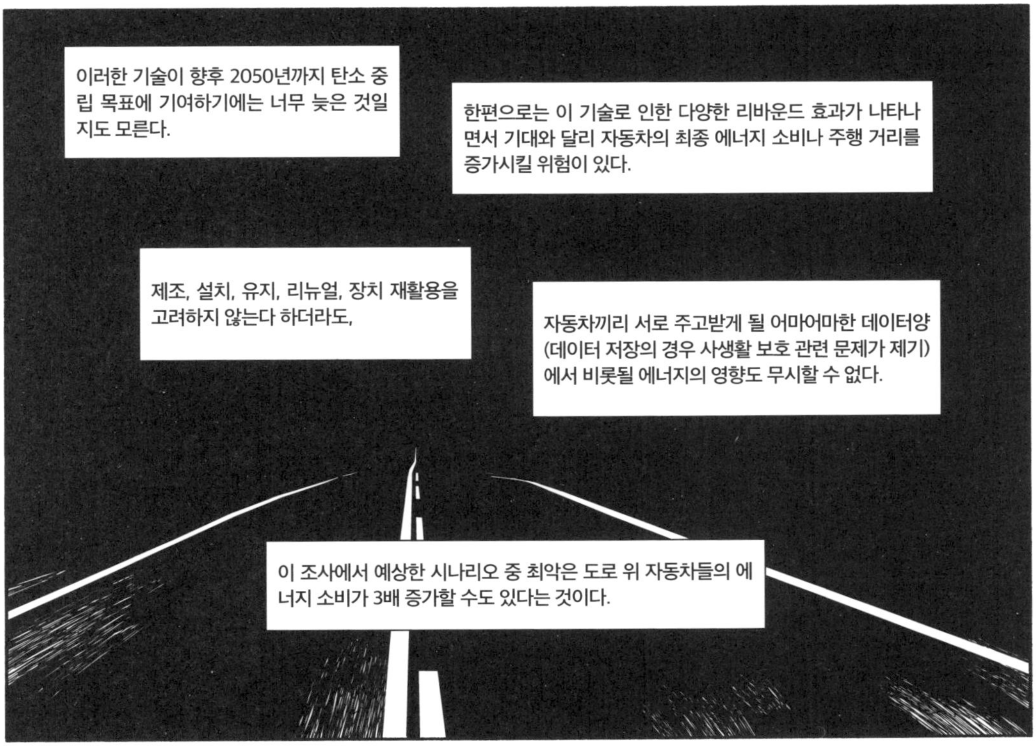

이러한 기술이 향후 2050년까지 탄소 중립 목표에 기여하기에는 너무 늦은 것일지도 모른다.

한편으로는 이 기술로 인한 다양한 리바운드 효과가 나타나면서 기대와 달리 자동차의 최종 에너지 소비나 주행 거리를 증가시킬 위험이 있다.

제조, 설치, 유지, 리뉴얼, 장치 재활용을 고려하지 않는다 하더라도,

자동차끼리 서로 주고받게 될 어마어마한 데이터양(데이터 저장의 경우 사생활 보호 관련 문제가 제기)에서 비롯될 에너지의 영향도 무시할 수 없다.

이 조사에서 예상한 시나리오 중 최악은 도로 위 자동차들의 에너지 소비가 3배 증가할 수도 있다는 것이다.

구매 가이드
커넥티드 세탁기 고르기

2018년 전 세계 곳곳에서 작동하고 있는 컴퓨터·게임기·스마트폰과 그 밖에 다른 디지털 장치는 150억 개로 추산됐다.

2025년에는 650억 개로 7여 년 만에 5배가 증가할 것이다.

현재 서양 가정에는 평균 예닐곱 개의 디스플레이 장치를 보유하고 있다.

이제 하루 몇 시간 동안 인터넷에 접속한 사용자만 해도 40억 명이며, 이들의 하루 인터넷 사용 시간은 300억 시간이다.

튀니지, 토죄르의
오아시스가 메마르다

결국 시스템은 빠른 속도로 성장하고 있다.

신기술 산업은 많은 물과 금속, 에너지를 독식해서 탄소 발자국이 영국 규모의 국가에서 발생하는 탄소 발자국보다 3배 많다.

프랑스 디지털 절약 활동 단체 '그린 IT'는 신기술 산업의 탄소 발자국이 프랑스의 탄소 발자국보다 2~5배 크기 때문에 신기술 산업은 사실상 '일곱 번째 대륙'이나 다름없다고 설명한다.

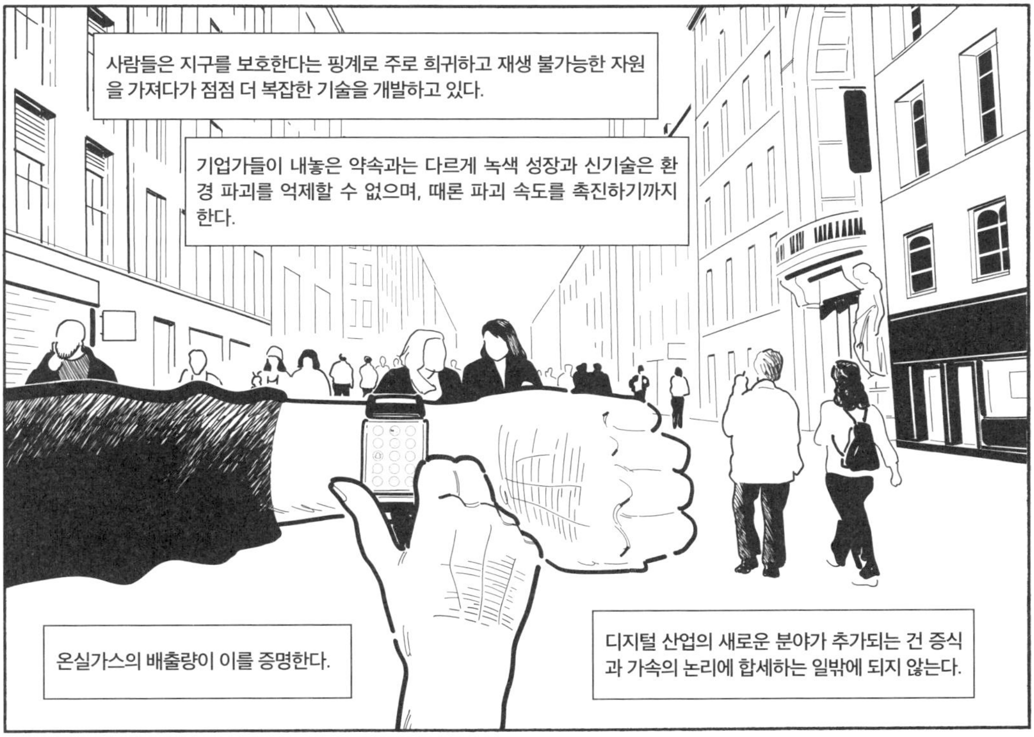

사람들은 지구를 보호한다는 핑계로 주로 희귀하고 재생 불가능한 자원을 가져다가 점점 더 복잡한 기술을 개발하고 있다.

기업가들이 내놓은 약속과는 다르게 녹색 성장과 신기술은 환경 파괴를 억제할 수 없으며, 때론 파괴 속도를 촉진하기까지 한다.

온실가스의 배출량이 이를 증명한다.

디지털 산업의 새로운 분야가 추가되는 건 증식과 가속의 논리에 합세하는 일밖에 되지 않는다.

스페인과 포르투갈에 닥친 극심한 겨울 가뭄

왜냐하면 기술 결정론은 존재하지 않기 때문이다.

신기술 자체는 환경에 이롭지 않다.

디지털이 환경 논쟁을 저절로 해결할 수 없으며, 애당초 에너지 전환을 위해 존재한 게 아니었다.

실리콘밸리의 거인들을 위한 것일 뿐.

우리는 인터넷에서 원하는 지식을 바로 찾아볼 수 있고 행정 업무를 더 빠르게 처리하고 애플리케이션으로 의료 불모지를 피할 수 있다.

비우익스는 디지털 세계에는 귀하고 독보적인 효율성이 존재하므로 이를 거부하자는 게 아니라고 강조했다.

디지털 세계를 공공재로 지켜야 한다.

디지털 세계를 더 이롭게 만들고 싶다면 그 방향을 잘 정해야 한다.

"증강 현실을 꿈꾸기보다는 우리의 디지털 사용 결과를 잘 생각해보는 것이다."

단순 기술의 시대
필리프 비우익스

캘리포니아, 한겨울에 폭염 발생

그리고 선택해야 한다.

기술, IT, 인터넷으로 발생하는 이익을 재검토하자는 게 아니다. 산업·과학·의료계에 가져올 기여도를 다시 살펴보자는 얘기도 아니다.

기후 예측 관련 문제도 아니다.

디지털 세계에는 어두운 면이 있다.

에티오피아·케냐·소말리아 가뭄으로 인한 대규모 기근

지구온난화를 막기 위해 우리는 1인당 자원 및 에너지 소비를 아주 빠르고 강력하게 줄여야 한다.

디지털 분야에서도 절약이 반드시 필요하다.

단순 기술로 관심을 돌리고 기본 기술에 중점을 둬야 한다.

제공되는 서비스를 최대한 유지하면서도 고도화 기술을 가능한 적게 이용하고 소비하는 것이다.

이렇게 옮겨가는 일은 간단치 않다. 디지털화는 현재 진행형이며, 우리는 이미 그 길을 걷고 있기 때문이다.

이런 디지털 절약 규칙이 개별적으로 지켜지지 않을 수도 있다. 빅데이터와 가능한 한 거리를 두는 일은 사회적 소외가 뒤따르게 되며, 이는 잘 알려진 사실이기도 하다.

또한 디지털 세상에서 벗어나기 위한 출구에 들어가는 비용은 각자 다를 것이다.

필요할 때만 합리적인 비율로 디지털을 사용하는 행동은 꼭 필요한 디지털과 없어도 되는 디지털 사이의 경계를 긋는 것을 의미한다.

각자 그 경계선을 고민해보는 일은 유익한 행동이다. 자신의 디지털 사용 방식에 대한 비판적 자세를 가지고 임하기 때문이다.

하지만 사회적으로 이런 경계선을 긋는 건 아주 민감한 사안이다.

따라서 개별적인 수준과 정책적인 수준에서 사용될 나침반이 각각 제공되어야 한다.

자원 채굴을 줄일 수 있는 보편 원칙을 세워야 한다.

절약한 전기를 거래하는 '네가와트(negawatt) 프로젝트'와 같은 사례를 본보기 삼는 것도 한 가지 해결 방안이 될 수 있을 것이다.

첫 번째 원칙은 '필요한 디지털'이 무엇인지 살피는 것이다.

'필요한 디지털을 어떻게 더 친환경적인 방식으로 사용할 수 있을까?'를 질문하는 게 아니다. '과연 필요한 디지털을 사용하지 않고도 그만큼 잘 살 수 있을까?'를 생각해보는 것이다.

프레데릭 보르다주

디지털 절약

만약 필요한 디지털을 제거할 수 없다고 하더라도 우리는 가능한 한 적은 자원으로 전력을 다해 대처해야 한다.

4장 디지털 재앙과 신기술의 미래

빵집, 우체국, 지하철에 배치된 광고용 디스플레이?

공항에서 자동차를 주차하는 로봇들?

슈퍼마켓에서 카트에 담아 놓은 상품을 계산대로 옮기지 않고 계산할 수 있는 칩?

장보기 목록을 준비해주는 냉장고?

온실가스 배출, 오염 폐기물, 자원 독식에 있어 지불해야 할 현실적 비용을 생각한다면 정말 필요한 디지털일까?

IPCC: 기후 변화에 취약한 인구수는 이미 36억 명

모든 기술은 환경에 영향을 준다.

'배출량 제로'인 이동수단은 없다. '녹색' 기술도, '친환경' 소비도, '탄소 배출 없는' 에너지도 없다.

우리가 제조하지 않는 것보다 더 친환경적이고, 경제적이며, 책임 있는 제품은 현실에 없다.

신기술 산업에서 규제의 부재와 에너지의 낭비는 신기술이 활동할 여유가 많다는 의미다.

예컨대 프랑스에서 디지털 장치의 대기 상태는 가구 전력 요금의 11%를 차지한다.

이런 유령 소비는 원자력 발전소 두 곳의 연간 발전량을 낭비하는 것이다.

TV를 비롯한 몇몇 디지털 기기는 켜진 상태일 때보다 대기 상태일 때 더 많은 에너지를 소비하기도 한다.

유럽연합의 조사를 보면, 대기 상태의 디지털 기기는 연간 30TWh를 소비한다. 이는 헝가리 규모 정도 국가의 연간 전력 소비량에 맞먹는다.

가전제품의 대기 상태는 전 세계 이산화탄소 배출량의 약 1%를 차지한다.

전원을 끌 수 없는 가전제품의 플러그를 뽑거나

제조사들에게 TV 화면 또는 ADSL 모뎀에 켜짐·꺼짐 스위치를 다시 만들도록 강제한다면, 그만큼 에너지를 절약할 수 있을 것이다.

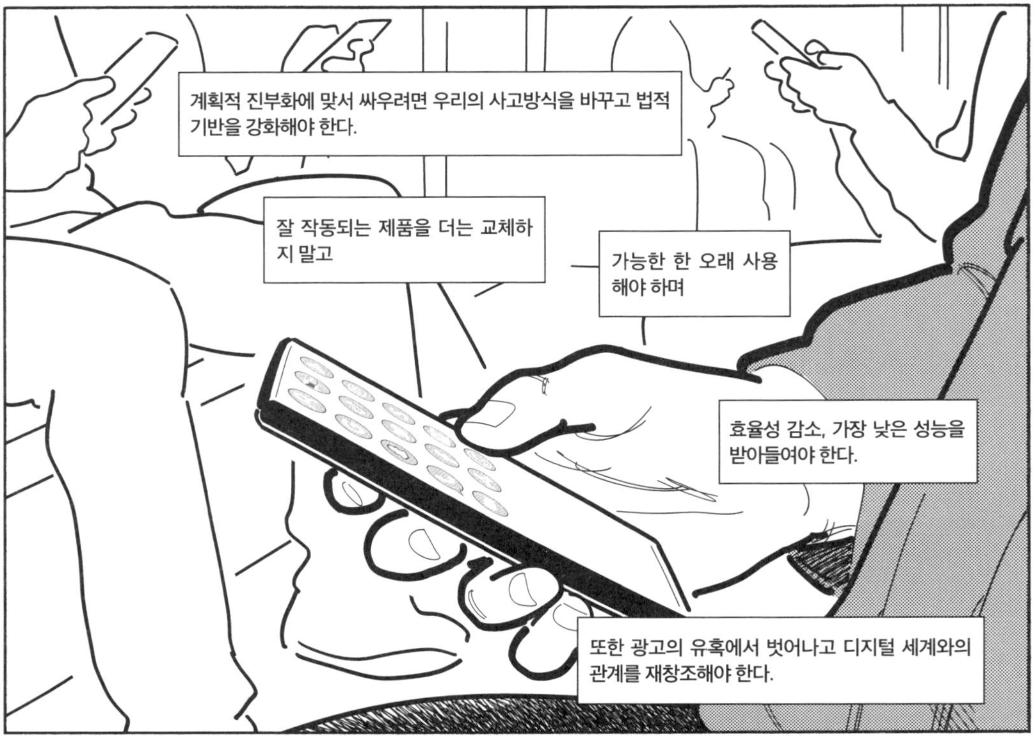

계획적 진부화에 맞서 싸우려면 우리의 사고방식을 바꾸고 법적 기반을 강화해야 한다.

잘 작동되는 제품을 더는 교체하지 말고

가능한 한 오래 사용해야 하며

효율성 감소, 가장 낮은 성능을 받아들여야 한다.

또한 광고의 유혹에서 벗어나고 디지털 세계와의 관계를 재창조해야 한다.

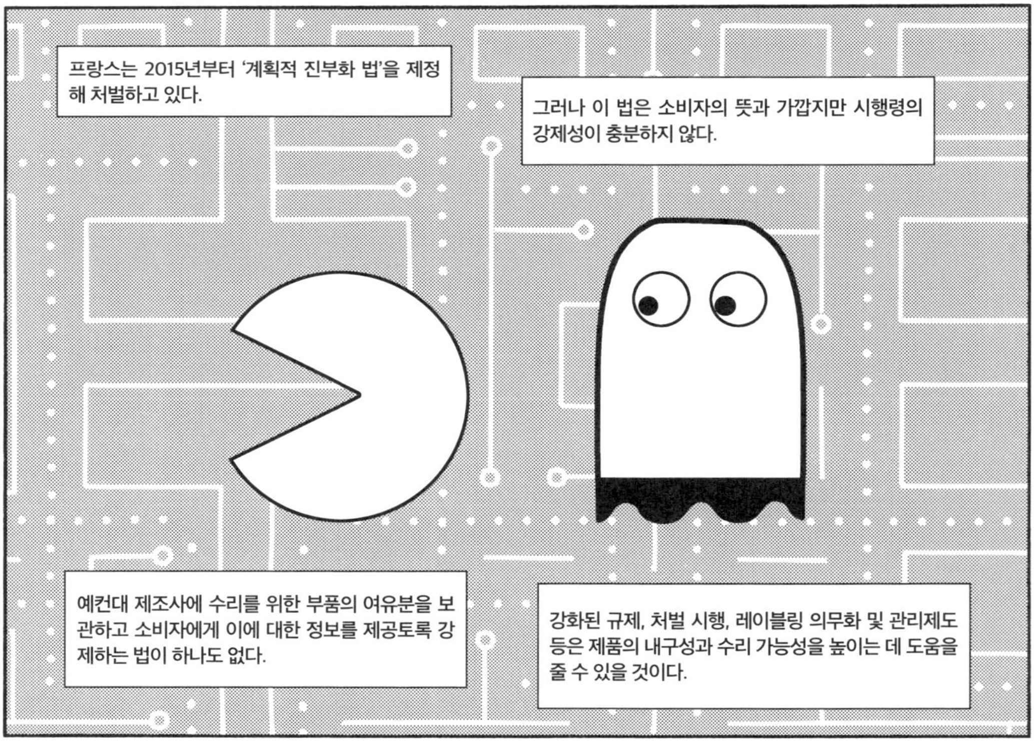

프랑스는 2015년부터 '계획적 진부화 법'을 제정해 처벌하고 있다.

그러나 이 법은 소비자의 뜻과 가깝지만 시행령의 강제성이 충분하지 않다.

예컨대 제조사에 수리를 위한 부품의 여유분을 보관하고 소비자에게 이에 대한 정보를 제공토록 강제하는 법이 하나도 없다.

강화된 규제, 처벌 시행, 레이블링 의무화 및 관리제도 등은 제품의 내구성과 수리 가능성을 높이는 데 도움을 줄 수 있을 것이다.

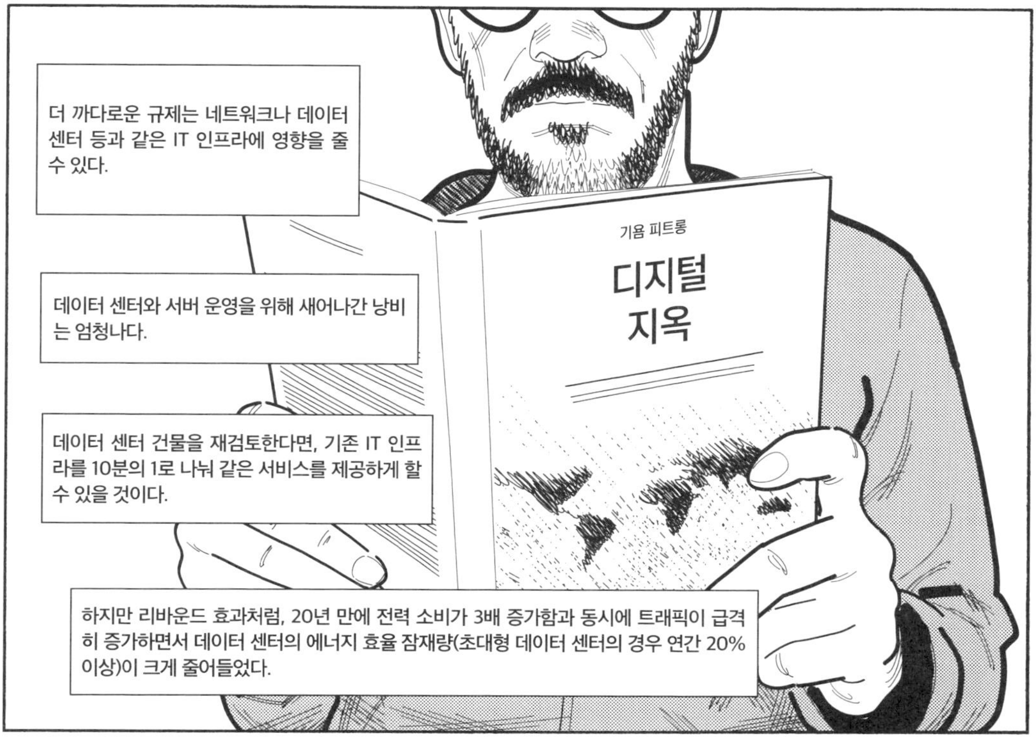

더 까다로운 규제는 네트워크나 데이터 센터 등과 같은 IT 인프라에 영향을 줄 수 있다.

데이터 센터와 서버 운영을 위해 새어나간 낭비는 엄청나다.

데이터 센터 건물을 재검토한다면, 기존 IT 인프라를 10분의 1로 나눠 같은 서비스를 제공하게 할 수 있을 것이다.

하지만 리바운드 효과처럼, 20년 만에 전력 소비가 3배 증가함과 동시에 트래픽이 급격히 증가하면서 데이터 센터의 에너지 효율 잠재량(초대형 데이터 센터의 경우 연간 20% 이상)이 크게 줄어들었다.

게다가 10배 더 많은 데이터 처리량을 제공하는 5G가 구축되면 이러한 추세는 더욱 두드러질 것이다.

이렇게 또다시 신기술이 활동할 수 있는 여지를 준 것이다.

우리는 이미 설치된 망(ADSL·광케이블)을 우선 사용하고, 에너지를 잡아먹는 무선을 제한하는 방안을 선택할 수 있다.

같은 양의 데이터를 전송할 때, 유선망(와이파이보다는 ADSL이나 광케이블)으로 인해 지구에 발생하는 영향이 4G 통신망보다 약 20분의 1 낮다.

그러나 4G와 5G는 사용 가능한 데이터 처리량을 크게 증가시키기 때문에 온 지구를 집어삼킨 스트리밍을 비롯한 새로운 사용 방식의 발달을 가능하게 한다.

4장 디지털 재앙과 신기술의 미래

기후 스트레스 지수는 전 세계 온실가스 배출량을 강력하게 감소해야 한다고 말하지만, 디지털 산업에서 소비하는 에너지는 연간 9%씩 증가하는 상황이다.

온라인 영상(스카이프·스트리밍 등)의 급증은 과도한 에너지 소비를 부추기는 주요 원인에 속한다.

콘텐츠 유통 플랫폼(유튜브·넷플릭스 등)의 서버에서 제공되는 스트리밍 영상은 2018년 전 세계 데이터 흐름의 60%를 차지했다.

디지털 산업으로 인한 온실가스 배출량의 20%가 스트리밍 영상으로 발생했다.

이는 전 세계 배출량의 약 1%에 해당한다.

VOD 서비스 산업(넷플릭스·아마존 프라임·디즈니 플러스 등)에서 온실가스 배출량은 칠레 규모의 국가에서 발생하는 배출량과 같다.

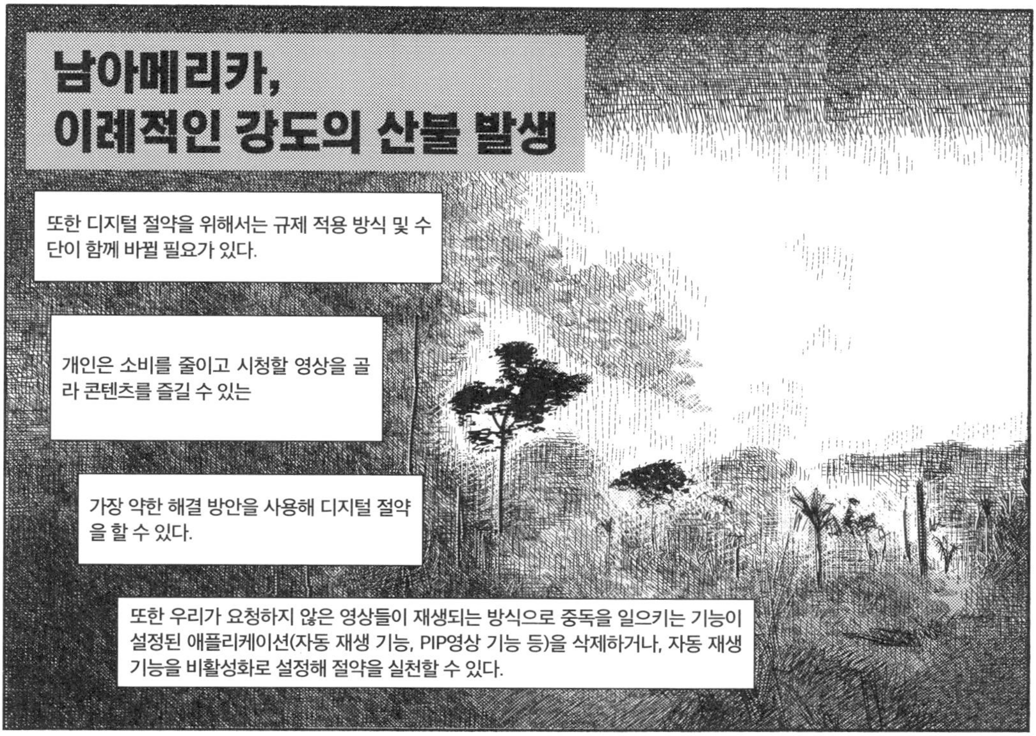

남아메리카, 이례적인 강도의 산불 발생

또한 디지털 절약을 위해서는 규제 적용 방식 및 수단이 함께 바뀔 필요가 있다.

개인은 소비를 줄이고 시청할 영상을 골라 콘텐츠를 즐길 수 있는

가장 약한 해결 방안을 사용해 디지털 절약을 할 수 있다.

또한 우리가 요청하지 않은 영상들이 재생되는 방식으로 중독을 일으키는 기능이 설정된 애플리케이션(자동 재생 기능, PIP영상 기능 등)을 삭제하거나, 자동 재생 기능을 비활성화로 설정해 절약을 실천할 수 있다.

사회적으로는 데이터 처리량 경쟁을 줄여야 한다. 용량을 더 많이 늘릴수록 데이터 처리량도 그만큼 늘어나기 때문이다.

이에 따라 데이터 사용을 일으키는 메커니즘을 규제해야 할 것이다.

왜냐하면 디지털 사용은 대부분 개인의 선택이 아닌 시스템의 산물이기 때문이다.

4장 디지털 재앙과 신기술의 미래 **245**

세상에 이런 아이러니한 상황이 어디 있을까.

70년대 대항문화의 발상지가 되고 싶어 했던 실리콘밸리는

IT 혁명에서

자유와 해방을 품은 저항의 유토피아로 향하는 길을 보았고

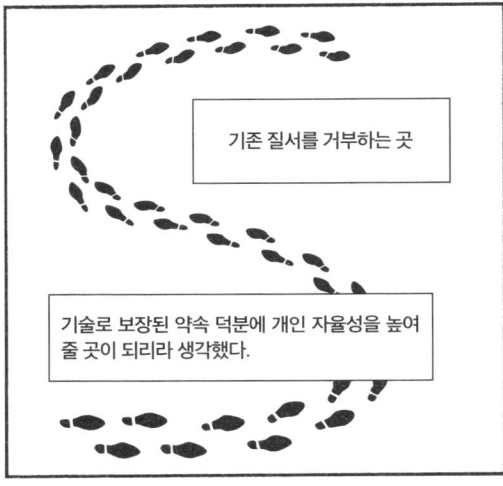

기존 질서를 거부하는 곳

기술로 보장된 약속 덕분에 개인 자율성을 높여 줄 곳이 되리라 생각했다.

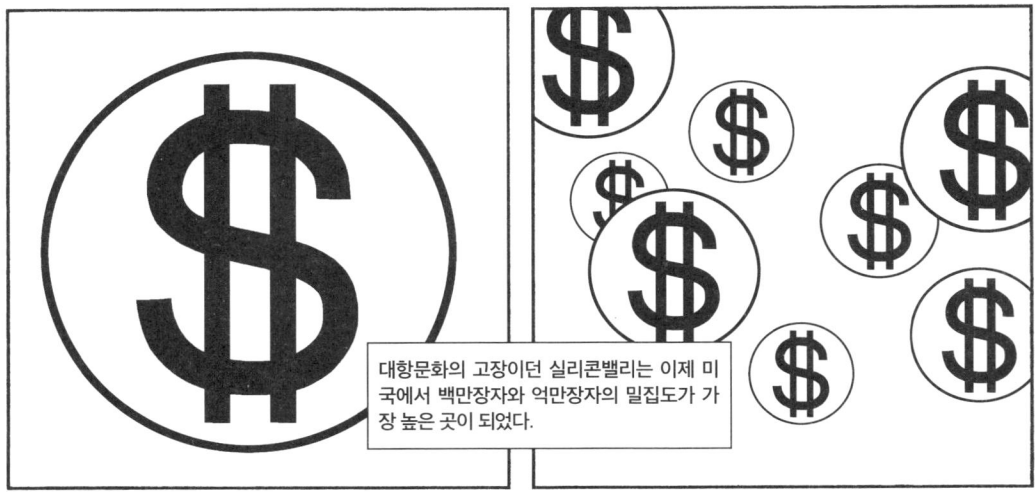

대항문화의 고장이던 실리콘밸리는 이제 미국에서 백만장자와 억만장자의 밀집도가 가장 높은 곳이 되었다.

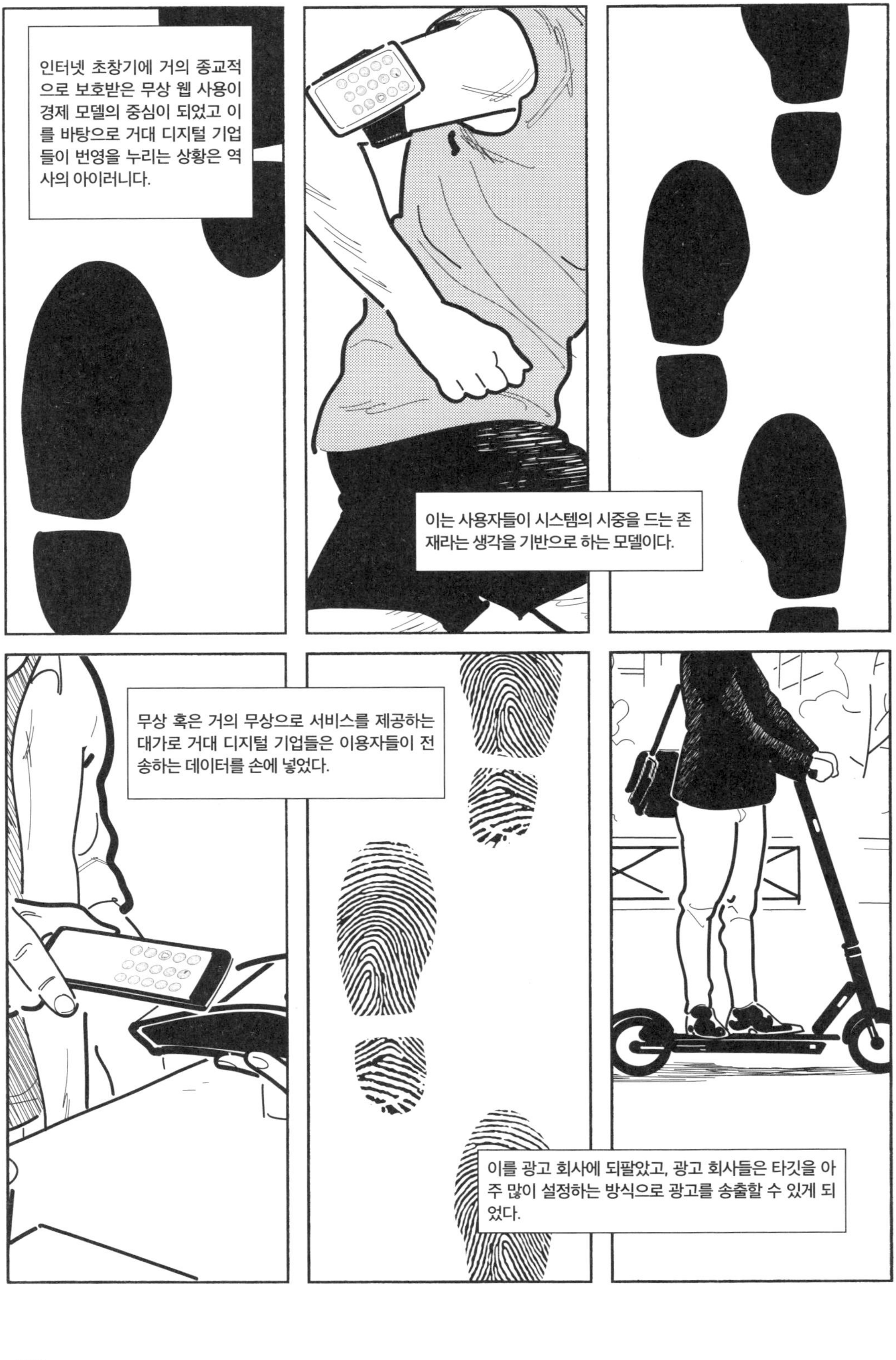

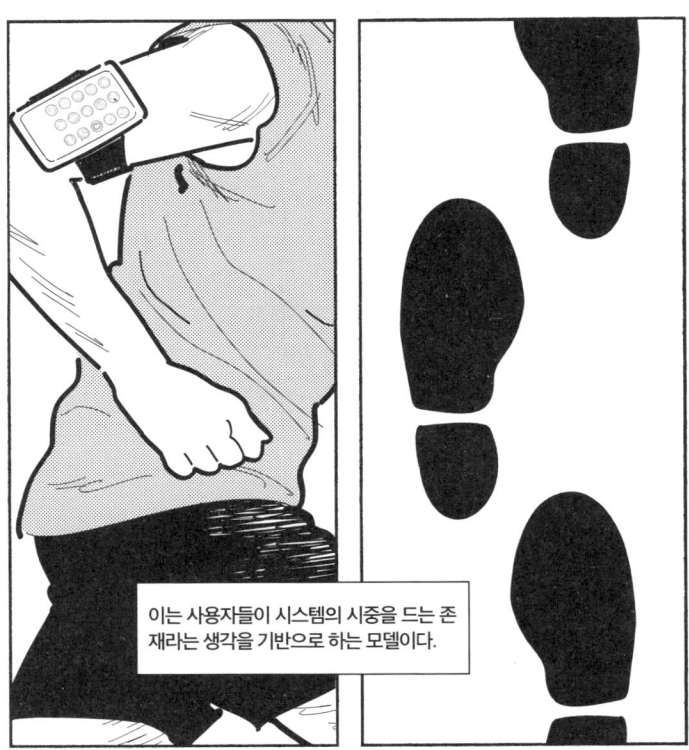

인터넷 초창기에 거의 종교적으로 보호받은 무상 웹 사용이 경제 모델의 중심이 되었고 이를 바탕으로 거대 디지털 기업들이 번영을 누리는 상황은 역사의 아이러니다.

이는 사용자들이 시스템의 시중을 드는 존재라는 생각을 기반으로 하는 모델이다.

무상 혹은 거의 무상으로 서비스를 제공하는 대가로 거대 디지털 기업들은 이용자들이 전송하는 데이터를 손에 넣었다.

이를 광고 회사에 되팔았고, 광고 회사들은 타깃을 아주 많이 설정하는 방식으로 광고를 송출할 수 있게 되었다.

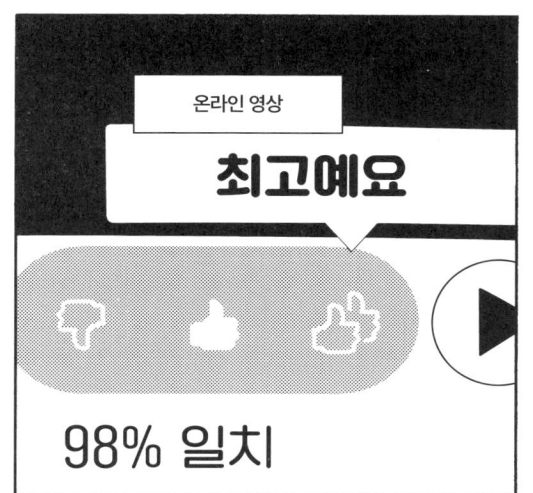

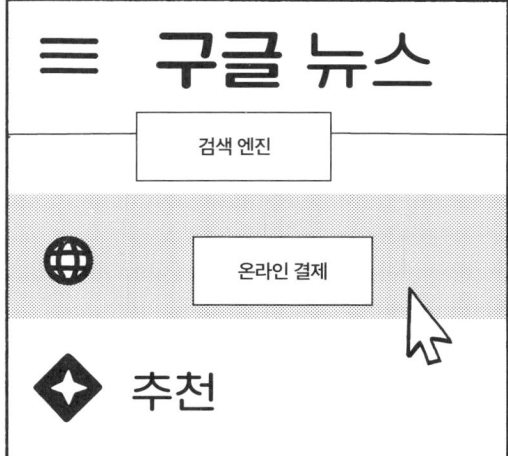
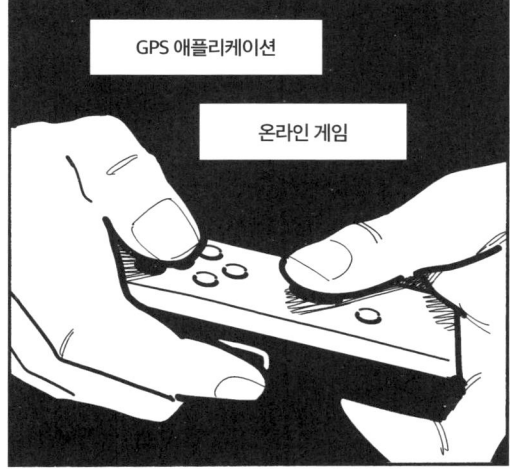

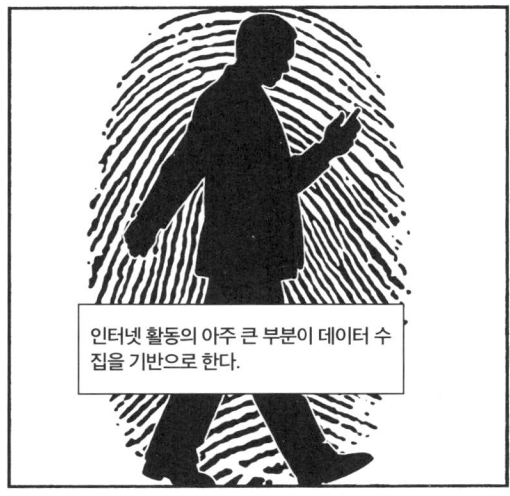

디지털 기업들은 개인 정보를 수집하기 위해서 이용자들이 온라인에서 보내는 시간을 더 많이 늘려야 한다.

One more thing...

시선을 끌 수 있는 자극을 이용자들에게 노출시켜야 한다.

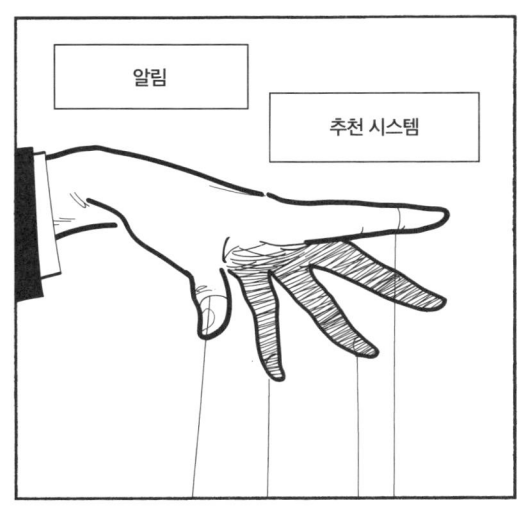

알림

추천 시스템

중독적인 쾌락과 보상 체계

디지털 피드백

이러한 것들은 행동 패턴을 해치고

참을 수 없는 더 풍부해진 과일 맛!

오아시스

2초 후 동영상이 재생됩니다.

광고 2/2   중독되게 만들며   0:04

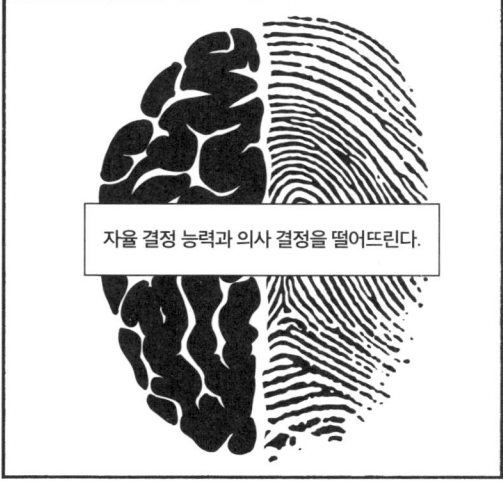

자율 결정 능력과 의사 결정을 떨어뜨린다.

사생활을 무시하고

주의를 사로잡아

수익을 챙긴다.

이러한 경제 모델은 거대 디지털 기업들이 돈을 벌 수 있는 구조로

자유 의지 상실을 기반으로 한다.

해방의 관점은 캘리포니아의 처음 약속과는 정반대로 해로운 경제 시스템을 자리 잡게 했다.

우려스러운 이 경제 시스템은 개인의 자유와 민주주의를 향한 실리콘밸리 기업들의 멸시를 보여준다.

페이스북 CEO 마크 주커버그 상원에서 증언

우리 정보를 성공적으로 양도받으며 새로운 경제 모델이 성공을 거둔 상황에서 무척이나 당황스러울 만한 징조가 나타나기 시작했다. 밝혀진 여러 사실 가운데 대부분은 이미 잘 알려졌으나 여전히 혼란스럽다.

시스템 내부를 비롯해 곳곳에서 여러 사실이 고발됐다.

그럼에도 우리는 우리를 감시하고 속박하는 이 모델에 계속 동조하고 있다.

프랜시스 하우건
전 페이스북 프로덕트 매니저

온라인상 보호, 비밀 유지, 비밀번호 등을 극도로 걱정하는 우리는 방화벽과 안티 바이러스 프로그램을 컴퓨터에 설치해 무장하고 있으나

우리가 모르는 여러 목적으로 기업들이 우리 개인 정보를 수집하는 행위를 계속 허용하고 있다.

우리가 디지털에 도취된 이상 비밀 유지 협약은 중요하지 않다.

재런 러니어
SNS를 끊어라!

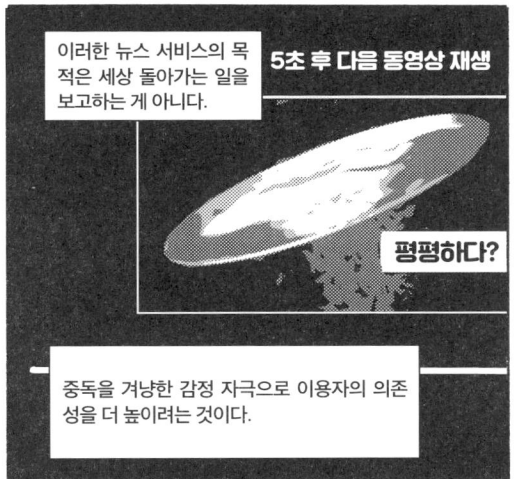

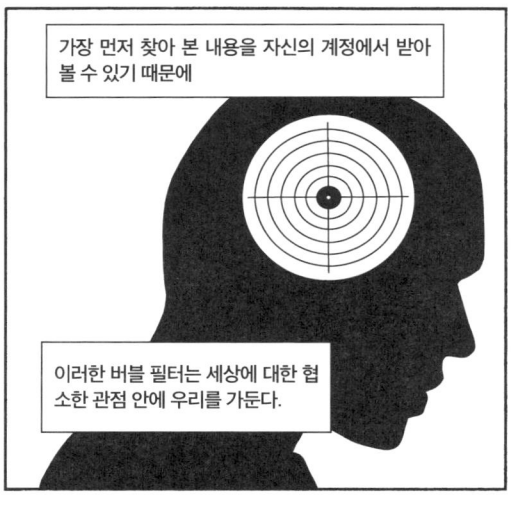
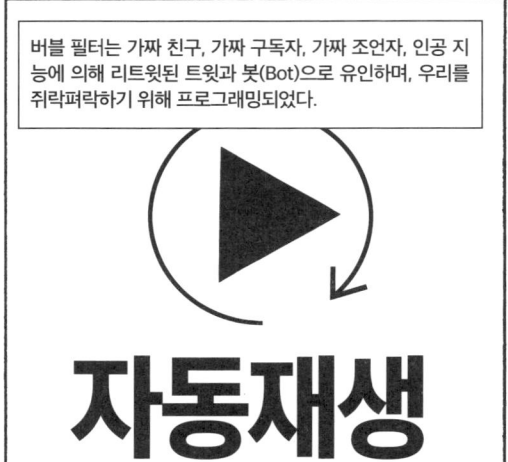

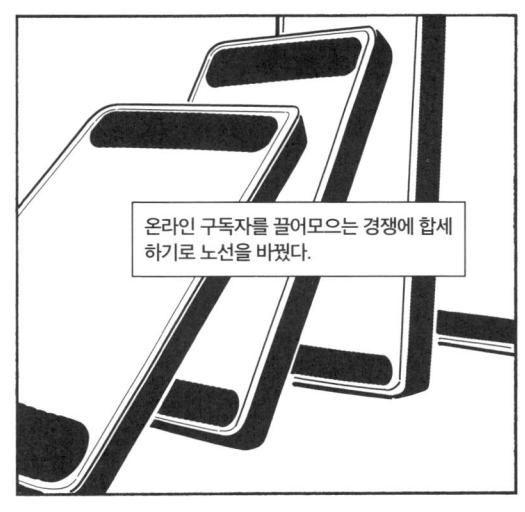

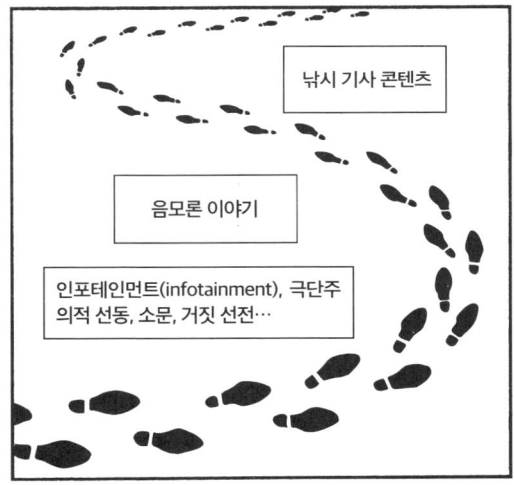

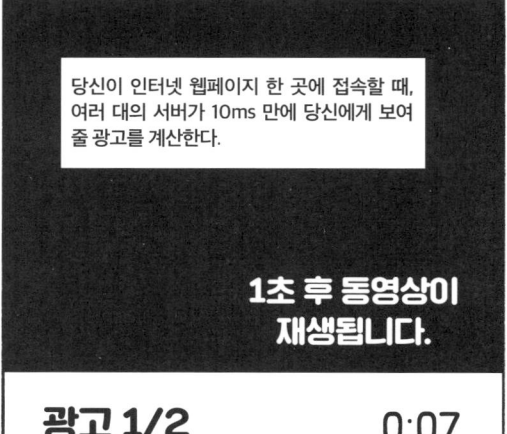

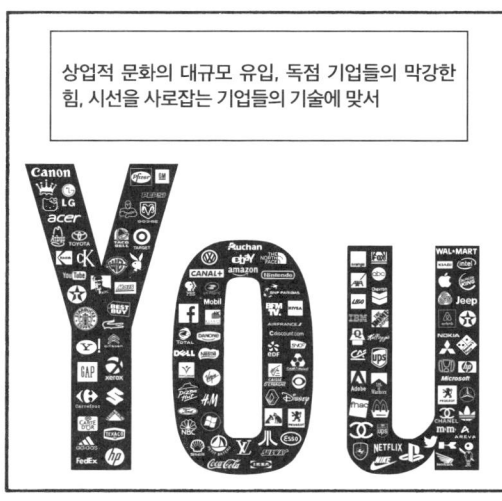
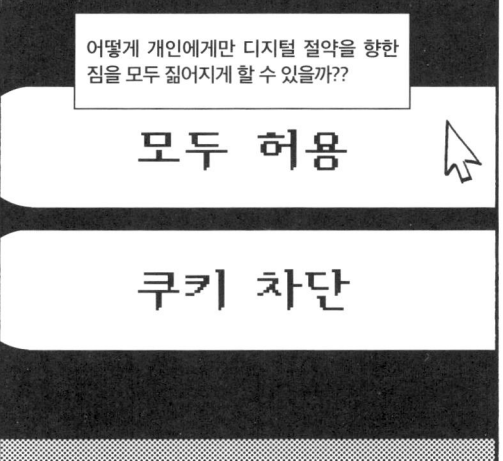

결국 국가가 거대 디지털 기업들의 힘과 영향력에 맞서 규제해야 한다.

국가가 콘텐츠에 개입하는 행위를 모두 '표현의 자유'라는 이름으로 규탄하는 상황이 가장 아이러니하다.

검열로 사회를 뒤흔들지 않고 디지털 확산에 따라 빨라지는 속도를 재재할 수 있다.

여기서 개입한다는 말은 자유를 해치는 게 아닌 실질적 자유를 누리게 돕는다는 의미다.

호주, 기록적인 홍수

걱정을 자유롭게 표현하는 일은 민주적이고 환경적으로 반드시 필요한 일이 되었기 때문에

불투명한 광고에 수당을 지급하는 모델을 와해시켜야 한다.

광고 네트워크와 이를 돕는 업체(검색 엔진, 소셜 네트워크 서비스)를 분리해야 하고

이들이 만든 알고리즘 전체를 감사받게 해야 한다.

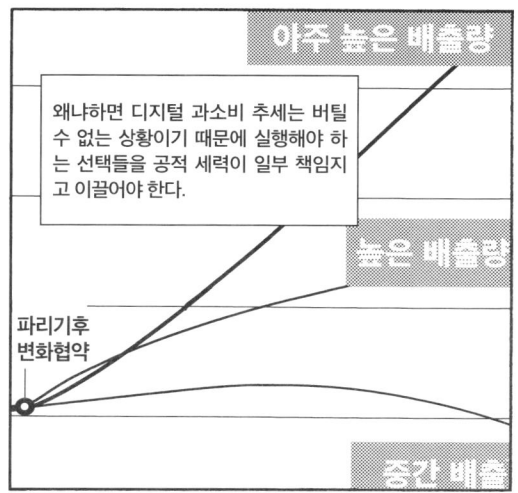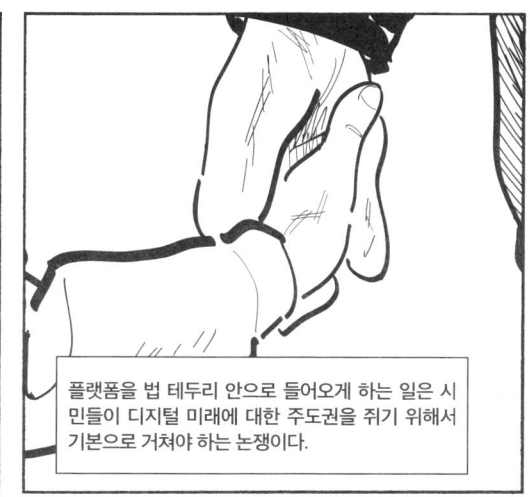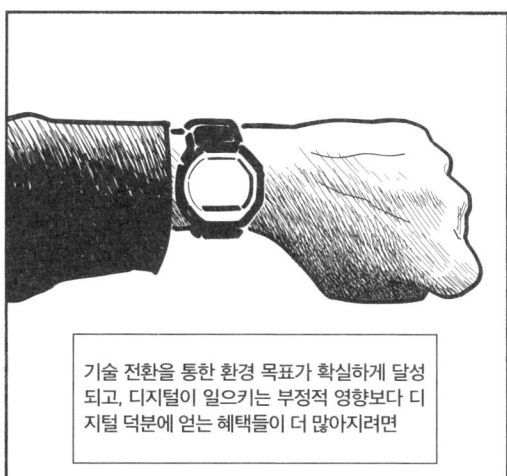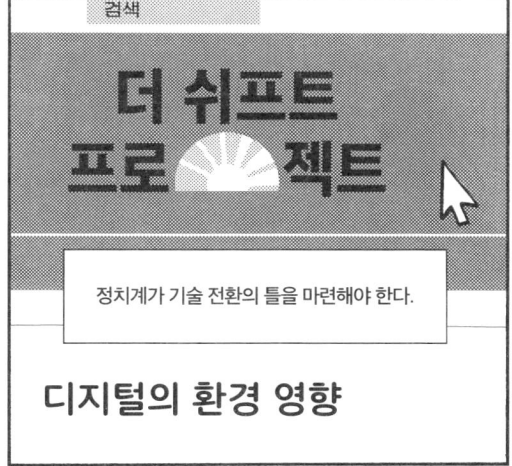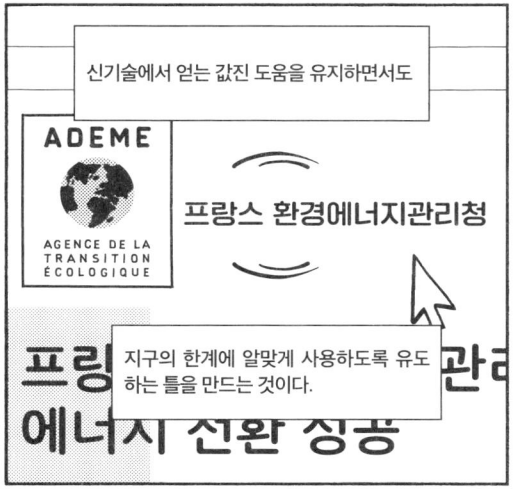

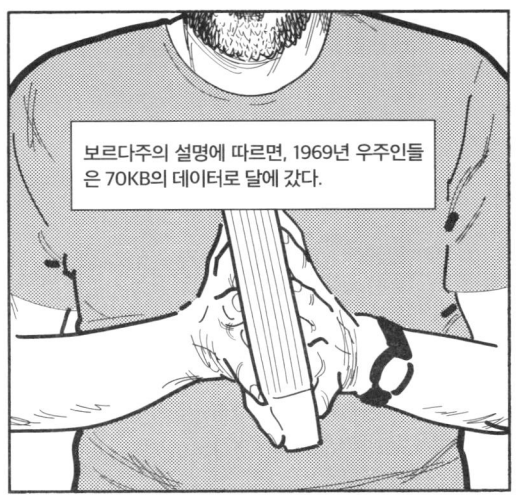
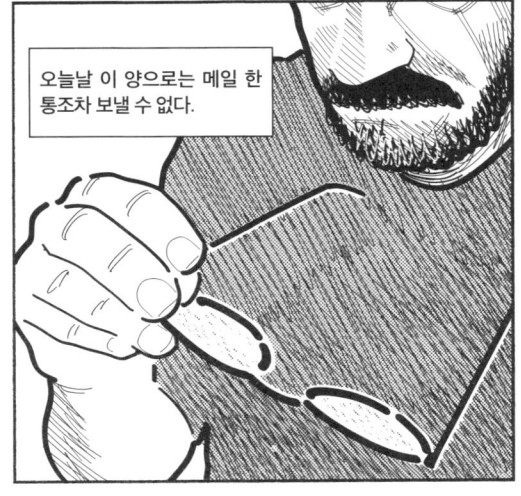

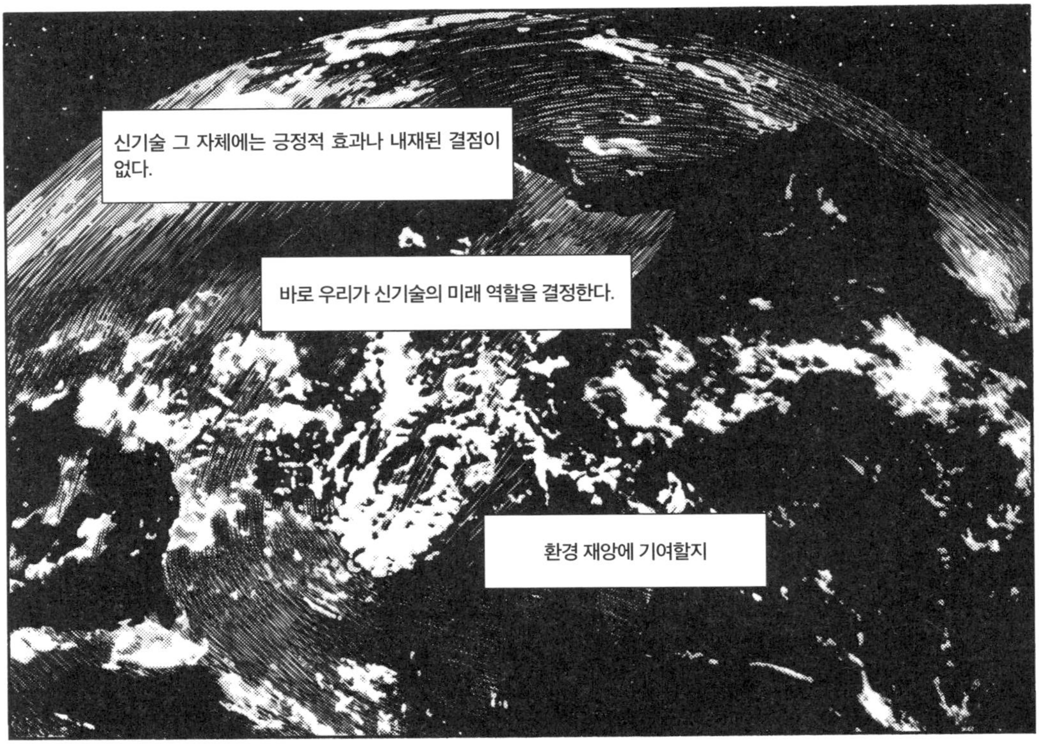

신기술 그 자체에는 긍정적 효과나 내재된 결점이 없다.

바로 우리가 신기술의 미래 역할을 결정한다.

환경 재앙에 기여할지

아니면 더 열린 세상을 향한 열쇠가 될지를 말이다.

4장 디지털 재앙과 신기술의 미래　**273**

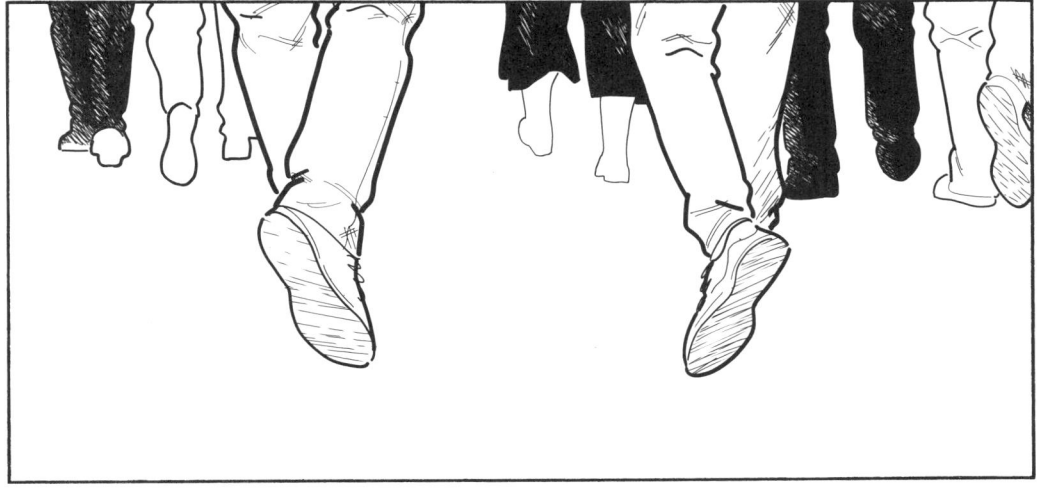

4장 디지털 재앙과 신기술의 미래　275

다른 포스트

뉴스레터 구독

만화로 보는
디지털 시대의 기후변화의 모든 것
팬데믹 이후 디지털 세상의 기후정의를 둘러싼 새로운 이야기

초판 1쇄　2024년 7월 29일

지은이　필리프 스콰르조니
옮긴이　윤여연

펴낸이　김한청
기획편집　원경은 차언조 양선화 양희우 유자영
마케팅　정원식 이진범
디자인　이성아
운영　설채린

펴낸곳　도서출판 다른
출판등록　2004년 9월 2일 제2013-000194호
주소　서울시 마포구 동교로 27길 3-10 희경빌딩 4층
전화　02-3143-6478　**팩스**　02-3143-6479　**이메일**　khc15968@hanmail.net
블로그　blog.naver.com/darun_pub　**인스타그램**　@darunpublishers

ISBN　979-11-5633-624-2　93450

* 잘못 만들어진 책은 구입하신 곳에서 바꿔 드립니다.
* 이 책은 저작권법에 의해 보호를 받는 저작물이므로, 서면을 통한 출판권자의
  허락 없이 내용의 전부 또는 일부를 사용할 수 없습니다.

다른 생각이
다른 세상을 만듭니다